D1662704

IMPRESSUM

Gestaltung   Lucia Geitner & Miriam Hoffmann
Lektorat   Alexander Jungkunz
Druck   ScandinavianBook

© Verlag Nürnberger Presse
Druckhaus Nürnberg GmbH & Co. KG

abgründe.
DAS BUCH ZUM PODCAST

VERLAG NÜRNBERGER PRESSE

Das Böse in uns

Ein Raubmord in einem Nürnberger Café. Ein Rotlichtkönig, der in Weiden regelrecht hingerichtet wurde. Ein kleines Mädchen aus Oberfranken, dessen gewaltsamer Tod nie aufgeklärt werden konnte... Hinterlist, Gewalt, Krankheit: Das Böse hat viele Facetten. Wenn Menschen bösartig oder boshaft sind, löst dies Verbitterung und Rachegefühle aus. Und wenn wir selbst nicht betroffen sind, auch Faszination: Warum werden Menschen zu Verbrechern? Steckt das Böse in uns allen? Was wissen wir über die Psychopathologie eines sadistischen Sexualstraftäters?

In diesem Buch wird ein Sohn beschrieben, der seine Eltern totprügelte. Ein anderer junger Mann erdrosselte zwei Frauen, nur um ihren Todeskampf zu sehen – Doppelmörder, die das buchstäbliche Böse spiegeln, ihm ein Gesicht und eine Biographie geben. Doch verwundert müssen wir zur Kenntnis nehmen, dass bisher unauffällig lebende Menschen hinter solchen Verbrechen stecken. Menschen, die mitten in der Gesellschaft lebten. Sie lebten und mordeten mitten unter uns.

Mit diesem Buch gewähren wir tiefe Einblicke in Abgründe. „Abgründe" – so heißt auch ein erfolgreicher Podcast, in dem Redakteurinnen und Redakteure der Nürnberger Nachrichten diese Fälle schilderten. Wir zeigen, wie das Böse mitten unter uns ist. Ein Stück deutsche Wirklichkeit, das mehr über das Innenleben unserer Gesellschaft aussagt als jede Statistik. In der Regel haben wir alle Namen geändert – nur bei Täterinnen und Tätern nicht, die wie etwa Beate Zschäpe im Licht der Öffentlichkeit stehen.

Verschollene Postbotin Heidi D.

WAR ES EIN GEWALTVERBRECHEN?
von Alexander Brock

Seit dem 14. November 2013 wird die damals 49-jährige Heidi D. vermisst. Es hat eine gewaltige Suchaktion der Polizei gegeben, einen Tatverdächtigen und eine Hausdurchsuchung. Wie sehr die Angehörigen unter dieser schmerzlichen Lücke in der Familie leiden, zeigt der nicht nachlassende, dringende Wunsch ihrer beiden Schwestern, die Postbotin aus Nürnberg-Fischbach zu finden.

Das ist ein Fall, der erst dann endet, wenn Gewissheit vorhanden ist. Gewissheit, ob der Mensch, um den es hier geht, noch lebt oder nicht. Es ist ein Fall, der nicht so schnell verstaubt und in Vergessenheit gerät wie andere, die ihm ähnlich sind. Der Grund dafür ist, dass er immer wieder belebt wird. Aber weniger von zuständigen Beamten der Mordkommission in Nürnberg. Vielmehr von den Angehörigen, insbesondere den beiden

Schwestern des verschollenen Menschen – den Schwestern von Heidi D., die in Nürnberg-Fischbach zu Hause war.

Der Nachname soll hier nicht voll genannt werden, selbst wenn er in Zeitungen und auf Online-Seiten immer wieder komplett auftaucht. Denn ein Buch ist langlebiger und schließlich gibt es noch immer eine – zugegebenermaßen sehr kleine –Wahrscheinlichkeit, dass die seit dem 14. November 2013 vermisste Postbotin lebt und irgendwo an einem anderen Ort der Erde einen Neuanfang gefunden und ihrer alten Existenz den Rücken gekehrt hat. Wenn das so ist und es eines Tages tatsächlich bekannt werden sollte, dass sie lebt, wird der Inhalt dieser Zeilen schlagartig überholt sein. Denn dann treffen zwei der drei möglichen Varianten über Heidis Verbleib schlicht nicht zu.

Doch wir wagen es und beschäftigen uns im Folgenden dennoch mit dem weitaus größeren Teil der Wahrscheinlichkeit, dass Heidi D. nicht mehr lebt. Der Fall zeigt auch, welche Torturen Heidis Angehörige in den Jahren nach ihrem Verschwinden bis heute durchmachen: ein nicht enden wollendes, nur schwer auszuhaltendes Spannungsfeld zwischen Hoffen und Verzweifeln. Zermarternd ist die Befürchtung, durch einen eigenen Fehler oder durch das Nachlassen bei der Suche nach der Verschollenen sich später vorwerfen zu müssen, nicht alles dafür getan zu haben. Ein Teufelskreis mit seelischen Verwundungen, die Heidi D. sicher nicht so gewollt hätte, da sind sich die Schwestern einig. Und rücken damit noch ein Stückchen weiter weg von der Hoffnung, ihre Schwester könnte noch leben.

Was war passiert? Es ist der 12. November 2013, als um exakt 18.17 Uhr das Handy von Petra Prado klingelt. Prado lebt in München und ist eine der beiden Schwestern von Heidi D. Zu diesem Zeitpunkt ist sie in der Arbeit und bekommt den Anruf von Heidi nicht mit. Später liest sie die Nachricht auf ihrem Smartphone: „Entgangener Anruf von Heidi". Später dann wählt sie ihre Nummer. Doch der Versuch, sie zu erreichen, scheitert. Niemand hebt ab. „Das bedrückt mich noch heute sehr, vielleicht hätte ich verhindern können, was dann geschah", sagt Petra Prado.

Der nächste Anruf aus Nürnberg-Fischbach geht bei ihr am Freitag, 15. November 2013 ein. Es ist Heidis Lebensgefährte T. „Er fragte mich, wo Heidi ist und erzählte, was los ist", erinnert sich die Münchnerin. Was los ist... Am Morgen des 14. Novembers soll Heidi das Haus in der Pellergasse zum Joggen verlassen haben, wird T. bei der Polizei später zu Protokoll geben. Das Gebäude im Osten Nürnbergs kaufte sie zusammen mit ihrem Lebensgefährten, beide zahlen es zu diesem Zeitpunkt noch ab. Doch die damals 49-Jährige ließ Geldbeutel, Handy, Personalausweis, EC-Karte, Krankenkassenkarte, ihren Schlüssel und ihren Wagen, einen roten Golf, zurück. Vom Joggen kommt sie nicht mehr heim, sie ist wie vom Erdboden verschluckt. „Und da rufst du mich jetzt erst an?", hat Prado den Lebensgefährten T. verärgert gefragt. T. meldete seine Lebensgefährtin bei der Polizei auch nicht sofort als vermisst, wie später herauskam. Die Münchnerin und ihre weitere Schwester Stephanie Pangerl jedoch wollen keine Zeit verlieren. Sie schmieden Pläne für eine privat organisierte Suchaktion.

Bei der Polizei setzt man in solchen Fällen auf Zeit. „Es steht jedem Erwachsenen frei, wann und wohin er gehen will", bekommt man auf Anfrage in der Regel zur Antwort. Sofern keine Selbstmordabsicht erkennbar oder die vermisste Person (psychisch) krank und hilflos oder minderjährig sei, wartet die Sicherheitsbehörde erst einmal ab. Denn unbestritten ist es so: Statistisch gesehen tauchen verschwundene Personen in den allermeisten Fällen nach wenigen Stunden oder Tagen wieder auf. Diese Tatsache führt in Sicherheitskreisen oft zu der Entscheidung, erst einmal keine sofortige, groß angelegte Suchaktion zu starten. Kritiker aber halten dagegen, dass gerade die ersten Stunden nach dem Verschwinden eines Menschen wichtig sind, um Erfolg bei einer etwaigen Suche zu haben und die Gesuchte oder den Gesuchten retten zu können, falls sich diese schwer verletzt und hilflos an einem noch unbekannten Ort befindet.

Am Dienstag, 19. November 2013, fünf Tage nach dem Verschwinden von Heidi D., liegt ein richterlicher Beschluss für eine öffentliche Fahndung nach der Postbotin vor, tags drauf veröffentlichen die Medien die offizielle Meldung mit dem Fahndungsaufruf. Eine groß angelegte Suche kommt in Gang. Mehrere Hundertschaften der Polizei durchkämmen den Reichswald entlang der Joggingstrecke von Heidi D. Hubschrauber steigen auf, unterstützten die Suche aus der Luft mit Wärmebildkameras. Auch Polizeitaucher kommen zum Einsatz, nehmen sich den Eisweiher am Rande von Fischbach vor. Doch die Suche im Forst und im Gewässer verläuft ohne Ergebnis.

Petra Prado und Stephanie Pangerl sind aber sofort nach dem Anruf des Lebensgefährten selbst aktiv geworden. Sie verfassen und drucken Flugblätter, rund 100 Stück. Mit dem Papierstoß und Plakaten machen sie sich dann am Samstag, 16. November, auf den Weg nach Nürnberg-Fischbach. Mit dabei ist auch ein Spürhund, den sie organisiert hatten. „Wir hatten einen Haargummi von Heidi bei uns und ließen den Hund daran schnuppern. Dann gingen wir Heidis Joggingstrecke ab, rund um den Eisweiher", sagt Prado. Die Suche ist vergebens, der Hund nimmt keine Spur auf. Sie verteilen die Flugblätter, sprechen mit Anwohnern und sorgen dafür, dass die großflächigen Plakate in Nürnberg und insbesondere in Fischbach zu sehen sind. Die Bekanntmachungen zeigen ein großes Foto von der Verschwundenen, fröhlich lächelnd, eine Telefonnummer für Hinweise und die einfache Frage, die direkt an die Gesuchte auf dem Foto gerichtet ist: „Wo bist du?"

Den Ermittlern stellt sich bis heute die Frage: Hat sich Heidi D. für einen Neuanfang woanders entschieden, hat sie sich das Leben genommen oder ist sie Opfer eines Gewaltverbrechens geworden? Die vorgefundene Situation im Haus an der Pellergasse lässt damals schon die Möglichkeit, sie könnte sich ein neues Leben an einem anderen Ort aufbauen, in den Hintergrund treten. Es spricht bis heute noch immer viel dagegen: Etwa die für eine neue Existenz nötigen persönlichen Gegenstände wie Personalausweis und Geldautomatenkarte, die nach dem Verschwinden noch im Haus liegen. Allerdings lassen auch weitere Tatsachen die zweite Variante, einen Suizid, verblassen. Denn die als fröhlich und lebenslustig beschriebene Heidi D. hatte Pläne: Am 24. November 2013 wollte sie ihren 50. Geburtstag groß feiern, sie hatte auch schon Gäste eingeladen und Getränke gekauft.

Bis heute sehen die Ermittler ein Gewaltverbrechen als sehr wahrscheinlich an. In den Fokus der Ermittlungen gerät schon kurz nach dem Verschwinden von der Postbotin ihr Lebensgefährte T. Auch hier trägt die Statistik dazu bei, wohin die Ermittler den Fokus richten. Denn die meisten Tötungsdelikte geschehen im sozialen Nahraum, innerhalb von Beziehungen. Das Paar hatte sich oft und teils sehr heftig gestritten. Das bestätigt auch Petra Prado: „Eine Woche vor ihrem Verschwinden habe ich deshalb noch zu ihr gesagt: ‚Ich habe Angst um Dich‘.“

D. reagiert auf Kontaktanzeigen, trifft sich auch mit den Männern. Ermittelt wird später auch in diese Richtung: Hat vielleicht einer der Verabredungen etwas mit dem Verschwinden von D. zu tun? Die Kripo schließt nach Überprüfungen eine solche Möglichkeit aber bald aus. D. sucht auch aktiv nach einer Wohnung. Sie beabsichtigt, sich von T. zu trennen. „Sie wollte sich verändern, hat sie zu mir gesagt, als ich sie am 3. Oktober 2013 das letzte Mal sah. Sie kam damals nach München und besuchte mich“, erinnert sich Prado.

Die Kripo hat bald auch Anhaltspunkte, dass T. etwas mit dem Verschwinden von Heidi D. zu tun haben könnte. Ein Beispiel: Der Lebensgefährte lässt seinen BMW in einer Waschanlage gründlich reinigen – einen Tag nach dem Verschwinden der 49-Jährigen. Er begründet die Säuberung aber damit, dass der Wagen während der Suche nach Heidi D. teils auch auf Waldwegen stark verschmutzt worden sei. Gegenüber den Ermittlern soll sich T. auch nicht gerade kooperativ gezeigt haben. Bei ihnen erhärtet sich schließlich der Verdacht, T. könnte nach einem Gewaltverbrechen die Leiche von D. im Haus oder auf dem Grundstück in der Pellergasse versteckt haben.

Eine erste, kleinere Hausdurchsuchung bringt keinen Erfolg. Doch damit will sich die Mordkommission nicht zufriedengeben. Rechtlich sind ihr allerdings die Hände gebunden, denn Ermittler dürfen nicht mehrmals in ein und derselben Sache ein und dasselbe Anwesen auf den Kopf stellen. Es bedarf eines Tricks – und den kann die Polizei im März 2018 anwenden. Und das kommt so: T. kann die Schulden auf dem Haus alleine nicht stemmen. Als Abwesenheitspflegerin aber verwaltet Petra Prado das Vermögen ihrer vermissten Schwester. Auf ihre Initiative hin soll das Haus, in dem der Lebensgefährte von Heidi D. zu diesem Zeitpunkt noch wohnt, versteigert werden. „Ich handle in Heidis Interesse. Sie wollte verkaufen“, sagte sie. T. versucht das zwar zu verhindern, jedoch ohne Erfolg. Schließlich bekommt eine Baufirma den Zuschlag.

Das ist nun der Moment, auf den der leitende Ermittler der Mordkommission gewartet hat. Jetzt kann er Gespräche mit der neuen Eigentümerin, der

Baufirma, führen und bitten, vor geplanten Umbaumaßnahmen am und im Anwesen der Polizei eine groß angelegte Durchsuchung zu ermöglichen. Was T. bisher nicht zugelassen hat, erlaubt jetzt das Münchner Bauunternehmen.

Am 14. Mai 2018 ist es dann so weit. Von langer Hand geplant, rückt die Polizei in den frühen Morgenstunden mit schwerem Gerät in der Fischbacher Pellergasse an. Um Licht ins Dunkel zu bringen, will die Kripo nichts unversucht lassen. Unter den Augen des Lebensgefährten der Verschwundenen räumen Einsatzkräfte der hinzugezogenen Bereitschaftspolizei zwei Gartenhütten und die Garage aus. Die Gegenstände laden sie auf einen Lkw, den sie auf dem Grundstück aufgestellt haben. Die Einsatzleitung hat überdies sogenannte Archäologiehunde gebucht. Die drei Spürnasen werden in der Regel an sogenannten Nekropolen eingesetzt, das sind größere Begräbnis- und Weihestätte des Altertums sowie der Ur- und Frühgeschichte. In den historischen Gräberfeldern suchen sie nach Überresten, Knochen und Skeletten früherer Völker.

Doch seit ein paar Jahren schnüffeln die Hunde auch für die Polizei. In Sachsen, Thüringen, Baden-Württemberg, Südtirol und Bayern spürten sie bereits erfolgreich Knochen von Menschen auf, die Opfer von Gewaltverbrechen geworden waren. Die Hoffnung an diesem 14. Mai 2018 liegt jetzt auch auf diesen besonderen Vierbeinern. Die Polizei ist technisch so ausgerüstet, dass sie Mauerwerke und Bodenplatten untersuchen und mit Presslufthämmern zerlegen könnte. Mit dabei sind auch Spezialisten der Technischen Universität München und Biologen des Bayerischen Landeskriminalamtes, die sich an die Untersuchung der Bausubstanz machen und überprüfen, ob nicht ein Leichnam eingemauert wurde. Gefunden haben die Trupps allerdings auch nach zwei Tagen Suche keine verwertbare Spur der Vermissten. Nicht den kleinsten Hinweis. Das ist die letzte große Aktion der Polizei in Sachen Heidi D. gewesen. Es scheint, als wäre sie mit ihrem Latein am Ende. Offiziell wird zwar noch ermittelt, doch bieten sich offensichtlich kaum noch Ansätze für ein Spur. In der Zwischenzeit liegt der Vermisstenfall, der starke mediale Aufmerksamkeit auf sich gezogen hat, in der „Cold Case"-Abteilung der Mordkommission.

In der Folgezeit flackert immer wieder mal etwas auf, das an die Fischbacher Zustellerin erinnert. Im März 2021 etwa, da hatte das Haus in der Pellergasse längst den Eigentümer gewechselt, fiel Petra Prado ein Stoffbeutel von Heidi in die Hände. Den hatten die beiden Geschwister beim Ausräumen des Hauses gefunden, um den Inhalt kümmerten sie sich zunächst nicht. Dann aber gucken sie doch mal genauer, was da alles so in dem Beutel liegt: Zettel, Rechnungen und andere Dinge. Sie finden Notizen, handschriftlich von Heidi verfasst, in denen es ums Auswandern geht. Es finden sich auch Hinweise auf ein mögliches Übersiedeln nach Spanien. Heidi D. hatte sich auch entsprechende Bücher gekauft. Auf einem der Zettel steht laut Prado sogar eine konkrete Ortsangabe: Costa del Sol – die Küste liegt in Andalusien, im Süden Spaniens. „Heidi war von Spanien begeistert. Wir waren im Sommer 2013 zusammen dort, mein Mann hat in Sevilla Verwandte", erzählt Prado.

Waren das alles Zufälle? Muss jetzt mit dem Fund bei den Angehörigen nicht die Hoffnung aufkeimen, ihre geliebte Schwester ist womöglich auf die Iberische Halbinsel ausgewandert? Für sie sind es Hinweise, die auf den Wunsch einer radikalen Veränderung seitens der in Fischbach einst beliebten Postbotin hindeuten. Dass sich Heidi nach Angaben von Petra Prado auch Adressen von plastischen Chirurgen besorgt habe, unterstrich ihrer Ansicht nach den Abkehr-Willen. Sie erzählt auch, dass Heidi als 19-Jährige schon einmal spurlos verschwand. „Sie brach den Kontakt zur Familie ohne Vorankündigung einfach ab", sagt sie. Erst Wochen später habe die 19-Jährige zu Hause in Straubing angerufen und berichtet, dass sie eine Bleibe und Arbeit in München habe.

Vor diesem Hintergrund hat sich Stephanie Pangerl an die Zeitung SUR gewandt, eine deutsche Wochenzeitung für Südspanien. Die Redaktion greift die Geschichte über die verschwundene Postbotin tatsächlich auf, verbunden mit dem Aufruf, wer was über den Verbleib der vermissten Schwester wisse, unter einer bestimmten Telefonnummer anzurufen. Auch der Kripo Nürnberg waren die Bezüge nach Spanien bekannt. Ein Sprecher sagte: „Nach der Postbotin wird auch in Spanien gefahndet." Doch bis heute hat sich daraus nichts ergeben.

Dann, im Mai 2021, findet eine Frau bei einem Spaziergang durch den Wald bei Fischbach die sterblichen Überreste eines Menschen. Die Identität der Leiche ist aufgrund ihres Zustandes zunächst unklar. Die Kripo schließt nicht aus, dass es sich um Heidi D. handeln könnte. Ein DNA-Abgleich bringt dann Klarheit: Die rechtsmedizinische Untersuchung bestätigt, dass es sich dabei nicht um die Postbotin handelt, sondern um einen Mann, ebenfalls aus Fischbach, der am 25. Juli 2012 vermisst gemeldet wurde. Der 82-Jährige war seinerzeit von einer Radtour in den Reichswald nicht mehr zurückgekommen. Die Spur des dementen Mannes verlor sich im Forst, auch in diesem Fall leitete die Polizei eine groß angelegte Suchaktion ein – ohne Erfolg.

Doch Heidis Schwestern wollen es nicht dem Zufall überlassen, dass Heidi von einem Pilzsammler oder Spaziergänger gefunden wird. Fast neun Jahre nach ihrem Verschwinden ergreifen sie noch eine Chance: Sie knüpfen Kontakt zu dem Mann, der den Verein der „Archeo Dogs" (Archäologiehunde) gegründet hat und schon im Mai 2018 mit seinem Hund auf dem Grundstück und im Haus in der Pellergasse nach Heidis Knochen gesucht hat. Dietmar Kroepel und seine Frau Birgit erklären sich schließlich bereit, mit ihrem Hund „Flintstone" zu kommen und ihn auf mögliche Überreste der Vermissten im Reichswald anzusetzen.

Flint, wie ihn Herrchen und Frauchen liebevoll nennen, ist in der Lage, Knochen von Menschen zu erschnüffeln, egal ob sie erst drei Jahre in der Erde liegen oder 3000. In der Nähe von Gunzenhausen im südwestlichen Mittelfranken sollte Flint im November 2021 unter der Federführung der Kripo Ansbach in einem festgelegten Areal nach Überresten von Liselotte (Lissy) Lauer suchen. Seit Juli 1992 wird die damals 30-Jährige vermisst, es ist auch ein sogenannter Cold Case, den die Kripo anhand neuer Erkenntnisse wieder aufgegriffen hat. Flint, der Altdeutsche Hütehund, fand in der Gegend um Gunzenhausen zwar keine Knochen der spurlos verschwundenen Frau. Allerdings entdeckte er zufällig drei Keltengräber, erzählt Dietmar Kroepel.

Der Reichswald, der den Ortsteil Fischbach regelrecht umklammert, ist riesig. Kroepel braucht auch hier eine definierte Zone, in der er mit seinem Hund suchen kann. Die legten die beiden Schwestern bereits vorher fest, nachdem ein selbsternannter Seher vier Punkte im Wald als mögliche Fundorte gesetzt hatte. Die Suche startet am 18. Juni 2022. Es ist für Prado und Pangerl wieder einmal eine Zeit der Hoffnung, aber auch der Angst: Denn findet Flint tatsächlich Überreste von Heidi, heißt das, dass auch der Funken Hoffnung, die Schwester könnte noch leben, vollkommen erlischt. In diesen Momenten der emotionalen Belastung im Wald ist Birgit Kroepel für sie da. Während ihr Mann mit Flint im Dickicht verschwindet und sucht, übernimmt sie die Krisenintervention und spricht einfühlsam mit ihnen. „Wenn es einen Fund geben sollte, dann habt ihr einen Abschluss und damit einen Ort zu trauern. Einen Ort, den ihr aufsuchen könnt, an dem ihr Blumen ablegen und gedenken könnt", sagt sie den Frauen. Schlage Flintstone aber nicht an, könne man sicher sein, dass in diesem Gebiet und weit darüber hinaus nichts sei. „Ihr könnt dann für euch diese Bereiche schon mal ausschließen", beruhigt Kroepel die Schwestern.

Nach und nach arbeitet die Gruppe die festgelegten Gebiete ab, deren Koordinaten Pangerl in ihr Handy eingegeben hatte. Der selbsternannte Seher, von dem die beiden die Daten haben, soll „nachweislich schon Erfolge" gehabt haben. „Mit Sehern hat man im Alltag normal nichts zu tun. Es ist aber eine letzte Option für uns. Wenn wir das jetzt hier nicht durchziehen würden, machen wir uns in Zukunft vielleicht Vorwürfe, das nicht probiert zu haben. Wir wollen alles versuchen, um Heidi zu finden", erklärt Petra Prado.

Nach fast fünf Stunden Suche im Wald kommt Dietmar Kroepel auch vom letzten Suchgebiet zurück – Flintstone schlug auch hier nicht an. „Wir waren voller Hoffnung und fahren jetzt mit gemischten Gefühlen nach Hause", sagt Prado. „Wir hatten auch keine Vorstellung, wie groß der Wald ist. Man ist gleich im größten Dickicht. Hier könnte man leicht jemanden verschwinden lassen." Ist das also das Ende? „Uns fällt schon noch was ein", sagt Prado aufbauend. Beide machen deutlich: Es gibt eine Spur, der sie noch nicht nachgegangen sind. „Die nehmen wir uns auf alle Fälle vor." Dietmar Kroepel verspricht den beiden, sie auch weiterhin mit Flintstone zu unterstützen. Dafür komme er auch gerne wieder nach Fischbach.

Vampir und Doppelmörder

NÜRNBERGER MACHTE SICH ÜBER TOTE HER.
von Alexander Brock

Kannibalismus und Vampirismus tauchen in der Kriminalgeschichte sehr selten auf. Kommt eine solche Tat aber einmal ans Licht, ist das Entsetzen riesig. Armin Meiwes zum Beispiel, auch „Der Kannibale von Rotenburg" (nicht das mittelfränkische Rothenburg, sondern das hessische Rotenburg) genannt, erschütterte die Republik. Im Dezember 2002 kam heraus, dass er einen Mann, den er in einschlägigen Internetforen kennengelernt hatte, bei sich zu Hause tötete und Teile des Körpers verspeiste. Wichtig dabei: Sein Opfer wollte das nachweislich so. Vermutlich hat Kannibalismus in grauer Vorzeit in unserer Gesellschaft auch eine Rolle gespielt. Wie auch sonst kommt eine Floskel wie „Ich hab' Dich zum Fressen gern" in unseren Sprachgebrauch?

Was den Täter in einem Nürnberger Fall aus den 70er Jahren dazu trieb, das Blut von Toten zu saugen, ist trotz Erklärungsversuchen noch immer ein Rätsel – ähnlich wie beim „Kannibalen von Rotenburg". Als „Vampir von Nürnberg" ging Rüdiger L. in die Kriminalgeschichte ein.

Es gibt Orte, an denen Schritte, ein Schnaufen oder Räuspern aufschrecken lassen. Man rechnet zum Beispiel nachts im Krematorium nicht mit einer weiteren Person – jedenfalls mit keiner, die noch lebt. So ähnlich ergeht es Georg W. am 5. Mai 1972. Der städtische Angestellte sitzt spätabends in seiner Dienstwohnung im Krematorium auf dem weitläufigen Nürnberger Westfriedhof. Die Totenstille, die sich nach Feierabend in den dunklen Gängen ausgebreitet hat, vertreibt er mit dem launig-bunten Programm im Fernseher. Plötzlich klingelt das Telefon. Eine Nachbarin. Sie macht den Wärter auf eine Gestalt aufmerksam, die sie über den Friedhof huschen sah, so ist es später in den Polizeiakten zu lesen.

In den vergangenen Monaten hat es immer wieder Beschwerden von Hinterbliebenen gegeben, die sagten, dass sie Schmuck vermissen, den ihre verstorbenen Angehörigen noch getragen hätten. Auch die Kaffeekasse der Friedhofsabteilung wurde regelmäßig geplündert, Kollegen hatten sich schon gegenseitig verdächtigt. Doch Georg W. ist überzeugt, dass sich Unberechtigte Zutritt verschafft haben. Vielleicht, mutmaßt er, ist die eben gesichtete Gestalt dieser Übeltäter.

W. schleicht aus seiner Wohnung zum Büro im Hochparterre und stellt fest: Am Schlüsselbrett fehlt der Schlüssel zur Leichenhalle. Und das nicht zum ersten Mal. Auf den Gängen in den Gewölben ist es ruhig. W. arbeitet sich leise Richtung Halle voran, sieht Licht und entscheidet sich für den Rückzug ins Büro. Dort wartet er hinter der Türe, denn der ungebetene Gast wird den Schlüssel wohl wieder ans Brett hängen wollen. W. ist entschlossen, will den Täter auf eigene Faust stellen.

Das Warten hat sich schließlich gelohnt. Der Friedhofswärter hört Schritte, sie kommen näher. Jemand betritt das Büro. W. versucht den Eindringling zu überwältigen. Es kommt zu einer heftigen Rangelei zwischen W. und einem kleineren Mann mit Kinnbart. Plötzlich fällt ein Schuss, der Friedhofswärter sackt zusammen, der Angreifer sucht das Weite. Schwer verletzt robbt der Angeschossene zum Telefon und wählt die 110. Die Kugel hat seinen Bauch durchbohrt. Er wird in die Klinik gebracht, notoperiert – und kommt durch. Er hat Glück.

Weniger Glück hat ein Brautpaar, auf das am Folgetag, den 6. Mai, am Waldrand bei Lindelburg (Kreis Nürnberger Land) gefeuert wurde. An diesem Tag sichtet dort ein Jäger einen hellblauen Mercedes Benz. Er sieht durch sein Fernglas auch einen Mann, der sich da zu schaffen macht, dann ein knallrotes Mofa aus dem Gebüsch holt und davonfährt. Der Waidmann nähert sich dem Pkw und macht eine schreckliche Entdeckung: Auf den Sitzen vorne liegt ein junger Mann, im Fond eine junge Frau. Regungslos. Beide liegen in ihrem Blut, die Frau zudem halbnackt auf der Rückbank. Sie wurden offensichtlich erschossen. Wie sich später herausstellt, handelt es sich bei den Opfern um ein Brautpaar: Markus A. (24) aus Oberhausen und Ruth L. (18) aus Nürnberg. Der Jäger fährt sofort in den nächsten Ort und verständigt die Polizei. Der Doppelmord fällt in die Zuständigkeit der Kripo Schwabach.

Am 6. Mai 1972 sehen die Ermittler noch keinen Zusammenhang zwischen dem Vorfall im Krematorium und dem bei Lindelburg. Zunächst behandeln zwei unterschiedliche Polizeibehörden die beiden Taten getrennt voneinander. „Es ist einem Kriminalbeamten aus Schwabach zu verdanken, dass eine Verbindung zwischen beiden Fällen hergestellt werden konnte", berichtet der mittlerweile pensionierte Polizeibeamte Bert Rauenbusch, der sich in seinem Buch „100 Jahre Kriminalgeschichte in Mittelfranken" auf historische Fälle spezialisiert hat.

Dieser Beamte hatte eine Ahnung und die Idee, die an beiden Tatorten gefundenen und sichergestellten Patronenhülsen sowie die Geschosse miteinander zu vergleichen. Und siehe da: Die ballistische Untersuchung bestätigt am Montag, 8. Mai, dass in beiden Fällen ein und dieselbe Tatwaffe verwendet wurde, eine „Ceska Vzor" Kaliber 7,65 mm.

Der Täter hat seine Opfer am Waldrand kaltblütig erschossen und ihnen Schmuck sowie Geld gestohlen. Was die Ermittler aber frösteln lässt, ist etwas ganz anderes. In späteren Vernehmungen wird der Beschuldigte berichten, dass er Blut aus den Wunden seiner Opfer gesaugt habe. Wohl nicht zum ersten Mal. Auch am 5. Mai 1972 in der Leichenhalle des Krematoriums machte er sich über eine tote Frau her und trank ihr Blut, ehe er von Georg W. im Büro des Westfriedhofs überrascht wird. Diese und weitere Taten werden dem Beschuldigten in der Boulevardpresse bald den Titel „Vampir von Nürnberg" einbringen. Er wird später auch einmal sagen, er war an ein Buch über „Schwarze Magie" geraten und meinte, er könne eine Tote zum Leben erwecken, indem er ihr Blut sauge oder es mit seinem mische.

Oberstaatsanwalt Hans Sachs, auch bekannt aus dem damals beim deutschen Publikum sehr populären ARD-Fernsehquiz „Was bin ich?", richtet mit der Nürnberger und Schwabacher Kripo eine Sonderkommission ein. 16 Beamte sollen den Todesschützen finden. Emmeram Daucher, Chef der Mordkommission in Nürnberg, leitet die Soko. Der Name Daucher war zu diesem Zeitpunkt bundesweit vielen bereits ein Begriff. Jahrelang war der Ermittler dem sogenannten Mittagsmörder auf den Fersen. Am 1. Juni 1965 verübte der kaltblütige Täter in einem Nürnberger Kaufhaus sein letztes Verbrechen, kurz darauf wurde er von Polizisten festgenommen.

Handelt es sich jetzt also um einen Vampir? Daucher geht an die Öffentlichkeit. Der Fahndungsaufruf lautete: „Kleiner Mann mit Brille gesucht, der ein rotes Mofa fährt. Belohnung: 6000 DM." Kurz nachdem er die Meldung in den Nürnberger Nachrichten gelesen hat, greift ein Angestellter zum Hörer und führt die Kripo auf die richtige Fährte. Es ist Helmut K. Er gibt an, ein Kollege in seiner Speditionsfirma habe so ein Mofa. Auch die Personenbeschreibung passe. Der Verdächtige hat sich laut K. an diesem Morgen der Veröffentlichung überdies sehr seltsam verhalten: Zu Arbeitsbeginn um 7.30 Uhr sei dieser ins Personalbüro gegangen, um fristlos zu kündigen. Er gab zu verstehen, sofort nach Hamburg fahren zu müssen. Dazu benötige er die Arbeitspapiere. Nach K.s Mitteilung bittet die Polizei in der Personalabteilung der Firma telefonisch, mit der Übergabe der Papiere noch einige Minuten zu warten. Die Beamten warnen aber auch davor, selbstständig etwas zu unternehmen. Denn der Verdächtige könnte noch immer bewaffnet sein. Kurz darauf klicken in der Speditionsfirma die Handschellen, die Identität des Unbekannten ist geklärt. Rüdiger L. gilt als dringend tatverdächtig.

Der Verdacht erhärtet sich, als die Ermittler blutverschmierte Kleidung in L.s Wohnung und die Ceska finden – die Tatwaffe, aus der die Schüsse im Westfriedhof und bei Lindelburg abgefeuert wurden. Doch damit nicht genug. Die Kripo entdeckt bei ihm auch zwei Schlüssel, einen Hauptschlüssel zum Portal und einen Generalschlüssel für alle Räume des Westfriedhofs. Sie finden zudem viele Schmuckstücke, die L. wohl den Leichen abgenommen hat: (Ehe-)Ringe teils mit wertvollen Steinen, Armketten, Anhänger, goldene Manschettenknöpfe. Außerdem vergleichen Spezialisten des Bay-

erischen Landeskriminalamtes in München einen sichergestellten Hand-
abdruck vom Tatort bei Lindelburg mit dem von Rüdiger L. Das Ergebnis:
Beide Abdrücke sind identisch.

Die Vernehmungen mit dem damals 39-Jährigen verlaufen allerdings
schleppend – L. ist seit seiner frühen Kindheit taubstumm. Ein Gebärden-
dolmetscher muss die Verständigungsprobleme lösen helfen. Was in den
weiteren Ermittlungen im Detail zutage tritt, ist für die Beamten nur schwer
zu ertragen. Der kontaktarme Rüdiger L. hat in den Jahren 1971 und 1972
mindestens 35 Verbrechen und Vergehen verübt, die damals juristisch teils
als einfache „Störung der Totenruhe" eingeordnet wurden. Darunter auch
ein Fall auf dem Nürnberger Südfriedhof: Ein 15-jähriges Mädchen, das bei
einem Autounfall ums Leben gekommen war, ist dort im November 1971 be-
stattet worden. Einen Tag nach der Beerdigung buddelte L. die Leiche der
Jugendlichen aus dem frischen Grab. Nachdem er sich an ihr vergangen hatte,
ließ W. den Körper einfach liegen. Das abartige Verbrechen hatte in Nürnberg Ekel und Aufsehen hervorgerufen, da stand der Täter noch nicht fest.

Um an Leichen zu kommen, suchte Rüdiger L. allerdings Friedhöfe in der
ganzen Bundesrepublik auf, von Sylt über Flensburg, Köln und München
bis nach Ingolstadt und Donauwörth. Vor allem aber in Nürnberg und der
Region verging er sich an Toten. Mit seiner Festnahme geht in Nürnberg
ein beispielloser Fall menschlicher Abgründe in der deutschen Kriminalgeschichte zu Ende.

Am Anfang aber steht jetzt die juristische Aufarbeitung. 1974 wird
die Hauptverhandlung am Landgericht Nürnberg-Fürth eröffnet.
Doch Rüdiger L. ist nicht verhandlungsfähig, zu diesem Schluss
kommen zwei Gutachter. Auch gestaltet es sich als sehr kompli-
ziert, die Verhandlung mit dem Taubstummen zu führen: Trotz
bestelltem Dolmetscher für Gebärdensprache ist es L. nicht möglich, dem Gericht seinen Namen mitzuteilen. Der Prozess wird ausgesetzt und erst zwei Jahre später fortgesetzt. Der Angeklagte bleibt in Haft.
Im Zentrum der im Juli 1976 begonnen Fortsetzung des Verfahrens steht allerdings weniger L.s Neigung zu Totenkult und Schwarzer Magie als vielmehr der
Doppelmord in Lindelburg und der versuchte Mord im Krematorium.

Die Geschichte von Rüdiger L. spiegelt die Gesellschaft wider, in der er aufwuchs. Das Gericht unter dem Vorsitz von Egon Schiller ist davon überzeugt, dass L.s Kindheit durch die Gehörlosigkeit extrem belastet war. Er war auch „besonderen Erschwernissen" ausgesetzt, durch den brutalen und „hochkriminellen Vater" sowie einer komplett überforderten Mutter. L.s Entwicklung weise schwere Defizite auf, so der Richter. Schiller nennt L. einen „armen Menschen".

Was aber trieb den Taubstummen zu diesen Gräueltaten? Eine eindeutige, griffige Antwort erhält das Gericht während des Prozesses nicht. Die Ursache aber liegt wie so oft vermutlich in den ersten Jahren, die ein Mensch erlebt. L.s traurige Geschichte reicht weit zurück, in seine Kindheit während der Zeit der NS-Diktatur. Der gewalttätige Vater soll damals seine leibliche Tochter, L.s Schwester, mehrfach missbraucht haben. Er soll Rüdiger L. derart geschlagen und misshandelt haben, dass er nicht nur das Gehör verlor, sondern durch das Trauma auch nicht mehr sprechen konnte. 1938 wurde der Vater zur „Sicherungsverwahrung" in das KZ Dachau gesteckt. Am Ende des Krieges wurde er von US-Soldaten befreit.

Zu diesem Zeitpunkt war die Ehe aber bereits geschieden. Die Mutter lebte seither allein mit ihren drei Kindern in Nürnberg-Maiach. Bereits im Jahr 1949 beginnt das Vorstrafenregister von Rüdiger L. – zunächst wegen kleinerer Delikte. Da war L. erst 17 Jahre alt. Von diesem Zeitpunkt an verbrachte er die meisten Jahre hinter Gittern, entweder im Gefängnis oder in Heilanstalten.

Doch als geisteskrank will das Schwurgericht in Nürnberg den taubstummen Gelegenheitsarbeiter nicht einstufen. Während des gesamten Tatgeschehens in Lindelburg etwa sei der Angeklagte „Herr der Situation" gewesen. Er habe planmäßig gehandelt und getötet, um eine andere Straftat zu ermöglichen: den Diebstahl. Denn L. hat dem Brautpaar Schmuck und Geld gestohlen, nachdem er die beiden kaltblütig erschossen hatte. Am 28. Juli 1976 fällt im Schwurgericht in Nürnberg das Urteil: Zweimal lebenslange Haft wegen des Doppelmordes und noch einmal zehn Jahre wegen versuchten Mordes. Doch Rüdiger L. wird vorzeitig entlassen, im Jahre 2004 kommt er in Freiheit. Heute lebt er anonym in Norddeutschland. Gerüchten zufolge soll der hochbetagte L. Nürnberg sogar wieder zu seinem Lebensmittelpunkt gemacht haben.

Attentat in der Altstadt

**EIN RECHTSEXTREMIST RICHTET
IN EINER DISCO EIN BLUTBAD AN.**
von Alexander Brock

Es gibt schlimmste Verbrechen, die schon nach kurzer Zeit im kollektiven Bewusstsein verblassen. Sie tauchen dann noch in Statistiken auf, versteckt in einer Zahl. Oder sie erscheinen plötzlich wieder, wenn es sich um einen Cold Case, also einen Altfall, handelt, der aber von Ermittlern bis dato nicht geklärt werden konnte. Denn Mord verjährt nie. Kriminalpolizei und Staatsanwaltschaft sind daher angehalten, Altfälle in gewissen Zeitabständen immer wieder mal aufzugreifen – vor allem dann, wenn neue Ermittlungsansätze vielversprechend sein können. Das wiederum greifen Medien dankbar auf, transportieren das Thema und somit ist auch ein vorübergehender Platz in der allgemeinen Erinnerung gesichert.

Es gibt aber auch Verbrechen, an die immer wieder aktiv erinnert wird mit dem Ziel, gegen das Vergessen anzukämpfen. Taten, die nicht wiederholt an die Öffentlichkeit kommen, weil eine Sicherheitsbehörde den Fall wieder aufgreift, um ihn vielleicht doch noch abschließen zu können. Es sind schlimmste Straftaten, deren Ermittlungen meist abgeschlossen und die Täter identifiziert sind. Sie bleiben im kollektiven Gedächtnis, weil gerade auf politischer und journalistischer Ebene immer wieder der Finger in dieselbe Wunde gelegt wird. Das betrifft die Mordserie des National-sozialistischen Untergrundes (NSU), die ausführlich ab Seite 108 beleuchtet wird, sowie den Terror der Rote Armee Fraktion (RAF), in dessen Zusammenhang auch Nürnberg Ende der 70er Jahre ein blutiger Schauplatz wurde (Seite 34).

Der Fall Oxner hat in der Vergangenheit nicht die mediale Aufmerksamkeit erhalten, wie die Morde des NSU oder der Bombenanschlag auf das Münchner Oktoberfest. Doch auch dieser Täter ist kaltblütig und brutal vorgegangen. Sein gezielter Mord an Menschen anderer Herkunft in und vor einer Nürnberger Diskothek muss daher auch in der Reihe rechtsterroristischer Taten gesehen werden, die Ende der 70er Jahre ihren Anfang nahm und in dem Oktoberfest-Attentat vom 26. September 1980 kulminierte. Der Terroranschlag in München war mutmaßlich auch Antrieb für Oxner, selbst zu Waffen zu greifen, um mordend durch die Altstadt Nürnbergs zu laufen. Doch spielten hier noch eine ganze Reihe anderer Ereignisse und Faktoren mit rein, die wohl zur Motivation des Täters beitrugen.

Der Tatablauf: Am 24. Juni 1982 steigt der 26-jährige Oxner in seinen Wagen, den er vor dem Anwesen seiner Eltern in Nürnberg-Röthenbach abgestellt hatte. Es ist 21.45 Uhr, wie eine spätere Rekonstruktion des Abends ergeben wird. Sein Ziel ist die Nürnberger Innenstadt. Es ist ein lauer Donnerstagabend. Durch die City schlendern viele Nachtschwärmer. Oxner parkt sein Auto in der Kartäusergasse – gut elf Jahre später wird hier die Straße der Menschenrechte eröffnet.

Um die Schultern trägt der gelernte Dachdecker, den Nachbarn im Stadtteil später als „immer freundlichen, höflichen jungen Mann" beschreiben werden, eine Umhängetasche. Der Inhalt: Ein großkalibriger Revolver der Marke Smith & Wesson Magnum 357, eine Walther PPK und eine Pistole Luger 0.8, eine Waffe, die Soldaten der Wehrmacht im Zweiten Weltkrieg trugen. Außerdem liegen in der Tasche rund 200 Schuss Munition und ein Stapel Aufkleber von der in den USA beheimateten „NSDAP-AO" (AO = Auslands- und Aufbauorganisation), die der Neonazi Gary Rex Lauck aus Lincoln/Nebraska anführt.

Auf den Stickern mit Hakenkreuz ist zu lesen: „Wir sind wieder da" und „Kampf den Judenparteien KPD SPD CDU CSU FDP". Die Polizei wird am Ende 64 dieser Aufkleber sicherstellen und ermitteln, dass Oxner das rechtsradikale Propagandamaterial von einem 17-jährigen Schüler aus Ansbach per Post erworben hatte.

Gut eineinhalb Stunden nachdem der 26-Jährige an diesem Abend im Stadtteil Röthenbach gestartet war, geht er jetzt zu Fuß in die Königstraße und nähert sich dem Eingang der Diskothek „Twenty Five", die hauptsächlich von Afroamerikanern besucht wird. Die Polizei rekonstruiert später die folgenden Minuten so: An der Türe fordert ihn ein Mitarbeiter auf, zwölf Mark für den Eintritt zu zahlen.

Oxner zögert. Der Kassierer fragt: „Was ist nun, zahlen oder gehen Sie?" In diesem Moment zieht der Neonazi aus seiner Schultertasche den großkalibrigen Revolver und feuert sofort. Der erste Schuss trifft den neben dem Kassierer stehenden 23-jährigen Amerikaner William S., der sofort tot zusammensackt. Zwei weitere Schüsse verfehlen ihr Ziel, da der Mitarbeiter an der Kasse sich geistesgegenwärtig auf den Boden wirft.

Oxner geht dann die Stufen hinab in das Tanzlokal, in dem sich rund 20 vorwiegend internationale Gäste, eine Mitarbeiterin an der Theke und ein türkischstämmiger Kellner aufhalten. Der Schütze feuert zunächst mehrere Schüsse in Richtung Tanzfläche ab. Dann richtet er den Revolver auf den 27-jährigen US-Soldaten Rufus S. und eine 28-jährige Koreanerin und schießt.

Der Amerikaner wird tödlich, seine Begleiterin schwer verletzt. Aus Polizeiakten geht hervor, dass in diesem Moment Ali K., der Kellner, auf Oxner zugeht. Der Schütze richtet die Smith & Wesson auf den Ober, drückt ab – doch es löst sich kein Schuss. Ladehemmung. Es kommt zu einem Handgemenge, K. kann dem Angreifer den Revolver entreißen. Oxner aber greift in seine Tasche, holt die Walther PPK heraus. K. rennt Richtung Garderobe, die folgenden Schüsse treffen ihn. Der mutige Türke geht schwer verletzt zu Boden – er überlebt den Angriff. Der Täter verlässt die Disco „seelenruhig", wie Zeugen später berichten werden.

Mittlerweile hat Oxner nachgerüstet und auch die Luger 0.8 aus der Tasche gezogen. Mit beiden Waffen in den Händen steuert er in Richtung Klaragasse. Auf dem Weg fragt er Passanten, ob sie Türken seien. Sie verneinen, er geht weiter. Drei junge Bereitschaftspolizisten, in Zivil und unbewaffnet, sitzen auf einer Bank und nehmen Reißaus, als sie den bewaffneten Mann sehen. Laut Polizeibericht ruft er den Flüchtenden noch hinterher: „Ich schieße nur auf Türken."

Kurz darauf feuert der Täter beidhändig auf ausländische Passanten: Der Libyer Sultan A. wird am Unterkiefer getroffen und schwer verletzt, der Ägypter Mohamed E., der sich zur Schulung in Deutschland aufhält, stirbt auf der Stelle.

Indes rücken mehrere alarmierte Streifen in der Innenstadt an. In der Klaragasse kommt es schließlich zum Schusswechsel mit Polizisten. Der 26-jährige Neonazi wird an der Hüfte getroffen. Dann richtet er eine Waffe gegen sich, drückt ab, trifft Herz und Lunge. Kurz nach Mitternacht erliegt er im Klinikum seinen Verletzungen.

Der blutige Angriff am 24. Juni 1982 war kein wahlloser Amoklauf, wie einige Medien berichteten. Er war das gezielte Töten von Menschen aus anderen Ländern durch einen Rechtsradikalen. Ein Hinweis auf sein zielgerichtetes Handeln ist, dass diese Tat wahnsinnig schnell verlief. In der Disco hielt sich Oxner nach Ermittlungsergebnissen nur 30 bis 40 Sekunden lang auf und brachte hier zwei Menschen um. Von dem Moment an, in dem er da hineingeht, bis zum Zeitpunkt, an dem er sich erschießt, vergehen gerade mal elf Minuten. Der Täter wusste auch genau, wo er hingeht. Das Tanzlokal „Twenty Five" war als Nachtclub bekannt, den vorwiegend Personen mit Migrationshintergrund oder ausländische Staatsbürgerinnen und Staatsbürger besuchten.

War das Tatmotiv damit geklärt? Das Bayerische Landeskriminalamt, das die Ermittlungen leitete, lieferte dazu keine klare Aussage. Ende November desselben Jahres schlossen die Ermittler die Akte „Oxner". Das Resultat des Terrors, abgesehen vom Täter, der sich selbst richtete: drei tote und drei schwerverletzte Menschen. Der Rechtsextremist feuerte in der Nürnberger Innenstadt 17 Schuss ab, Polizeibeamte gaben vier Schüsse ab. Die Ermittler gingen von einem Einzeltäter aus.

Das aber wurde und wird heute noch immer von politischer Seite stark kritisiert, weil bei Einzeltätertheorien oft der größere Kontext ausgeblendet wird. Ein Jahr nach den tödlichen Schüssen versammelten sich 150 Menschen am Tatort in der Nürnberger Königstraße, um bei einer Kundgebung der Opfer zu gedenken. Der SPD-Landtagsabgeordnete Rolf Langenberger sagte damals in seiner Rede: „Möglicherweise haben Oxner und der Attentäter vom Oktoberfestanschlag die Taten alleine begangen, sie sind aber sicher nicht alleine dafür verantwortlich: Für solche rechtsextremen Anschläge ist ein besonderes Klima notwendig." Und dieses „Klima", von dem Langenberger sprach, war seinerzeit offenbar in der gesamten Republik zu spüren. Der Nürnberger Ausländerbeirat etwa sah damals einen Zusammenhang zwischen den brutalen Morden in der Königstraße und der öffentlichen Selbstverbrennung von Semra Ertan, einer türkischen Schriftstellerin, die in Hamburg gelebt hatte. Aus Protest gegen einen wachsenden Rassismus in West-Deutschland verbrannte sie sich am 24. Mai 1982 an der Kreuzung Simon-von-Utrecht-Straße/Detlev-Bremer-Straße im Hamburger Stadtteil St. Pauli. Am Vorabend ihres Suizids rief Ertan beim NDR und beim ZDF an. Sie las ihr Gedicht „Mein Name ist Ausländer" vor und forderte, dass Ausländer nicht nur das Recht haben sollten, wie Menschen zu leben, sondern auch wie Menschen behandelt zu werden.

Nach Studien waren zwei Monate vor Ertans Selbstverbrennung 68 Prozent der Bundesdeutschen der Ansicht, Ausländer sollten in ihre Heimatländer zurückkehren. Die wachsende Arbeitslosigkeit sowie die Wohnraumknappheit führten dazu, dass Migrantinnen und Migranten zunehmend als Konkurrenten gesehen wurden. Rechtsextreme Organisationen und Parteien bekamen damit natürlich Wasser auf die Mühlen.

Gewerkschaften, Kirchen, Parteien wie SPD und Grüne sowie weitere Gruppen setzten sich bundesweit verstärkt für ein friedliches Zusammenleben ein. Eine Gedenkkultur entwickelte sich. Im Fall Oxner beispielsweise gedachte der mittelfränkische Bezirksverband der Grünen 2012 des Attentats und legte für die drei Mordopfer drei Blumensträuße am Tatort in der Königstraße ab.

Rebecca Weiß ist Kuratorin im Memorium Nürnberger Prozesse. Sie forscht zum Thema Rechtsradikalismus in der Bundesrepublik nach dem Ende des Zweiten Weltkriegs. Den Fall Helmut Oxner hat sie für eine Ausstellung im Memorium genau studiert. Auch sie geht von der Tat eines Einzelnen aus, da die Ermittlungsergebnisse nichts anderes ergeben haben: „Die Untersuchungen der Polizei waren sehr umfangreich. Ich konnte die Akten im Staatsarchiv einsehen und war beeindruckt von der Vielzahl der Dokumente. Man hat versucht, dieses rechte Netzwerk zu durchdringen. Oxner war da eingebunden, denn so eine Ideologie trägt man nicht geschlossen mit sich herum. Aber hatte er wirklich konkrete Unterstützer? Die Ermittler kommen zu dem Ergebnis, dass er klar als Einzeltäter zu werten ist, dass er keine aktiven Mitwisser hatte", sagt sie.

Wie sehr Oxner in das rechte Netzwerk eingebunden war, haben nachfolgende Recherchen ergeben. Demnach war der Attentäter seit dem Frühjahr 1980 ständiger Gast am Stammtisch der „Jungen Nationaldemokraten", der Jugendorganisation der NPD. Seitdem bedrohte er auch Migranten, jüdische Bürger und Menschen, die sich offen zu ihrer Homosexualität bekannten. Er verteilte Flugblätter der NPD und nahm auch auf Demonstrationen dieser Partei teil.

Wie bereits erwähnt, fügt sich Oxners Terrorakt in eine Reihe rechtsradikaler Gewalttaten Anfang der 80er Jahre. Allein im Jahr 1980 zählten Staatsschützer bundesweit mehr als 1500 Ausschreitungen rechtsextremer Terroristen. Rund 220 Neonazis, so warnte das Bundesamt für Verfassungsschutz, müssten als Täter eingestuft werden, die Gewalt aus „dem Stand heraus" ausübten und deshalb unberechenbar seien.

So wurden am 19. Dezember 1980 der Erlanger Verleger Shlomo Lewin, eines der prominentesten Mitglieder der Israelitischen Kultusgemeinde Nürnberg-Erlangen, und seine Lebensgefährtin Frida Poeschke getötet. Nach dem Doppelmord kam es nie zu einer Verurteilung, da der ermittelte mutmaßliche Täter Uwe Behrendt, Mitglied der Wehrsportgruppe Hoffmann, sich das Leben genommen hatte.

Höhepunkt der rechtsradikalen Verbrechen dieser Zeit war jedoch das Oktoberfest-Attentat im September 1980, das 13 Tote und 213 Verletzte forderte. Als Haupttäter gilt der Tübinger Geologie-Student Gundolf Köhler – ebenfalls ein glühender Anhänger der Wehrsportgruppe Hoffmann. Auch in diesem Fall sind die Hintergründe bis heute nicht vollständig geklärt, auch hier gehen die Ermittler von einem Einzeltäter aus. In der Öffentlichkeit warfen Kritiker den Sicherheitsbehörden und der regierenden CSU vor, auf dem rechten Auge blind zu sein. Vor allem Bayerns Innenminister Gerold Tandler (CSU) wurde kritisiert, die Tat zu verharmlosen.

Als Sympathisant der rechtsextremen Wehrsportgruppe galt auch der Nürnberger Helmut Oxner. Er war ein Waffennarr und polizeibekannt. Laut „Spiegel" stießen Ermittler bereits Anfang 1981 während einer Hausdurchsuchung bei ihm auf ein Waffenarsenal.

An die dafür nötige Waffenbesitzkarte war Oxner leicht gekommen: Im September 1977 trat er in den Nürnberger Schützenverein „Rangierbahnhof" ein. Warum seine Zuverlässigkeit nie infrage gestellt wurde und die Behörde Karte und Waffen nicht einzog, zumal Oxner vor seiner Bluttat als Rechtsradikaler bekannt war und auch schon vor Gericht stand, ist nie abschließend geklärt worden. Der damalige Leiter des zuständigen Ordnungsamtes in Nürnberg erklärte, dass seine Sachbearbeiter keine Ahnung davon haben konnten, dass der Sportschütze dem rechtsradikalen Umfeld zugerechnet werden musste.

Klar aber ist: Nur einen Tag nach dem Mordfall Lewin im Dezember 1980 terrorisierten der Dachdecker und ein Komplize einen Nürnberger Juden am Telefon mit den Worten: „Morgen geht es dir wie dem Shlomo Lewin." Mit Hilfe einer Fangschaltung wurden die beiden identifiziert. Die Polizei brachte Oxner auch kurzzeitig mit dem Erlanger Mordfall in Verbindung, was sich später aber als haltlos herausstellte.

Wie sich dann jedoch zeigte, war das nicht der einzige anonyme Anruf des Duos. Die beiden mussten sich schließlich eineinhalb Jahre später vor dem Schöffengericht am Nürnberger Amtsgericht verantworten, weil sie mehrfach Ausländer und Juden telefonisch mit den Worten „Ausländersau", „Kameltreiber", „Judensau" terrorisiert sowie Wände und

Stadtmauern mit Hakenkreuzen beschmiert hatten. Dieser Telefonterror erreichte auch Arno Hamburger, den früheren Vorsitzenden der Israelitischen Kultusgemeinde in Nürnberg, der seinerzeit auch stellvertretender Fraktionsvorsitzender der SPD im hiesigen Stadtrat war. Er sei „der Nächste", den man nur vergessen habe, zu vergasen, hatte der Anrufer in den Hörer gebrüllt. Aufgrund von Tonbandaufzeichnungen war Hamburger davon überzeugt, dass bei der Vielzahl der Hetz-Anrufe auch Oxner am anderen Ende der Leitung gewesen war. Die Polizei hat die zwei Übeltäter schließlich festgenommen und verhört.

Beide gaben vor Gericht mehr zu, als die Polizei bis dahin von ihnen wusste: Sie räumten nicht nur ein, dass sie die Urheber des Telefonterrors waren, sondern auch NS-Parolen, Hakenkreuze und üble Beleidigungen an Wände gesprüht hatten. „Die Angst, möglicherweise mit dem Erlanger Mordfall in Verbindung gebracht zu werden, hatte ihnen die Zungen gelöst", heißt es in einem damaligen Artikel der „Nürnberger Nachrichten".

Die Verhandlung vor dem Schöffengericht endete am 23. Juni 1982. Oxners Komplize wurde zu 15 Monaten Gefängnis ohne Bewährung verurteilt. Gegen Oxner, der sein Geständnis vor dem Richter widerrief, sollte im Herbst 1982 erneut verhandelt werden. Doch dazu kam es nicht – einen Tag nach dem Termin vor Gericht richtete er das Blutbad in der Innenstadt an.

Und das auch mit illegalen Waffen. Die Walther PPK und die Luger 0.8, mit denen er auf der Straße den Ägypter tötete, einen Libyer und den türkischen Kellner schwer verletzte und schließlich sich selbst erschoss, führte er illegal mit sich. Später klärte sich zumindest die Herkunft der Wehrmachtspistole 0.8 auf: Sie stammte aus dem Arsenal des Waffenlieferanten und Neonazis Martin B. aus Nürnberg-Schniegling, den die Polizei dann genauer unter die Lupe nahm.

Wegen Verstoßes gegen das Waffengesetz wanderte B. schließlich ins Gefängnis. 1984 war er wieder auf freiem Fuß, bis die Polizei 1990 bei ihm zu Hause ein weiteres Waffenlager entdeckte, obwohl ihm das städtische Ordnungsamt längst ein Verbot für Waffenbesitz erteilt hatte. Im Juni desselben Jahres präsentierte die Polizei den Fund der Öffentlichkeit: fast 50 Feuerwaffen, rund 800 Patronen und ein Kilogramm Schwarzpulver. Der

Keller im Haus des B., in dem auch seine Eltern wohnten, war neben Gewehren vollgestopft mit Jagdtrophäen und etlichen Nazi-Abzeichen. Einen Großteil der Schusswaffen und Munition hatte er in Zürich gekauft und die „heiße Ware" im Reisegepäck nach Nürnberg geschmuggelt.

Mit Blick auf Oxners Waffenarsenal im Jahre 1982 musste sich die Stadt Nürnberg, insbesondere das Ordnungsamt, unangenehme Fragen gefallen lassen. Etwa die: Wie konnte ein stadt- und polizeibekannter Neonazi legal im Besitz von Waffen sein? „Das Mitglied des Rangierbahnhof-Schützenvereins hatte ein großes Arsenal zu Hause. In seinem Besitz waren legale, aber auch illegale Waffen. Interessant aber ist: Er hat sich keine Waffen für die Ausführung der Tat in der Altstadt beschafft, sondern hat sich in seiner Waffenkammer nur bedienen müssen", stellt die Wissenschaftlerin Rebecca Weiß heute fest. Abgesehen von den Schusswaffen, die Oxner während seiner Tat einsetzte, fanden Polizisten in seiner Wohnung einen Karabiner 98 K, einen weiteren Karabiner älterer Bauart, ein Luftgewehr Diana 4,5 mm, einen Repetierer 3,57 mm Magnum, ein Gewehr „Anschütz", Kaliber 22 und eine Sportpistole Victor High gleichen Kalibers. Außerdem haben die Beamten umfangreiches NS-Schriften- und Propagandamaterial sichergestellt.

Klar ist heute aber auch: Das rechtsextreme Gedankengut, das der 26-Jährige in sich trug, kam nicht aus dem Elternhaus. „Die Eltern wurden mehrmals verhört. Als die Polizei gegen den Sohn bereits wegen des Telefonterrors ermittelte, hat sich Oxners Vater sogar dagegen positioniert. Zu seinem Sohn sagte er, wenn das noch einmal vorkomme, dann werde er auch zu Hause Konsequenzen erleben", sagt Rebecca Weiß.

20 Beamte des Bayerischen Landeskriminalamtes ermittelten in einer Sonderkommission (Soko) damals die Hintergründe des Attentats. Mit Blick auf den Waffenbesitz Oxners wiesen sie die Verantwortung weit von sich. Für die Ausstellung eines Waffenscheins oder einer Waffenbesitzkarte ist das Amt für öffentliche Ordnung zuständig, hieß es. Doch der damalige Leiter der städtischen Behörde, Helmut Ritzer, beteuerte, dass seine Sachbearbeiter keine Ahnung davon gehabt haben konnten, dass der Sportschütze Oxner dem rechtsradikalen

Umfeld zugerechnet werden musste. Denn der 26-Jährige war – ebenso wie sein Komplize, mit dem er den Telefonterror inszenierte – nie Mitglied der NPD. Beide sympathisierten jedoch mit ihr. Auf diese Fakten, so Ritzer damals, habe sein Amt niemand aufmerksam gemacht.

Die Justiz wehrte sich sogleich gegen den indirekten Vorwurf, die städtische Waffenbehörde nicht über die Aktenvermerke zu Oxner unterrichtet zu haben. Laut dem Justizsprecher habe die Staatsanwaltschaft der Stadt am 8. Oktober 1981 und am 10. März 1982 Akteneinsicht gewährt. Diese Unterlagen hätten unter anderem ein Protokoll vom 3. Februar 1981 enthalten, in dem Oxner zugibt, Kontakte zu rechtsradikalen Kreisen wie NPD oder Deutsche Volksunion unterhalten zu haben. Außerdem hätten sich in den Akten Hinweise darauf gefunden, dass gegen den 26-Jährigen in einem anderen Verfahren wegen des Verdachts der Volksverhetzung, der Beleidigung und anderem ermittelt werde. Die Behörden haben den Schwarzen Peter hin- und hergeschoben. Am Ende verpuffte die Frage nach der Verantwortlichkeit zum Thema Waffenbesitz.

Heutzutage wird es Menschen sehr leichtgemacht, sich politisch zu radikalisieren – durch das Internet und die sozialen Netzwerke lassen sich mit nur ein paar Mausklicks Material herunterladen oder entsprechende Videos ansehen, in denen Scharfmacher zu Anschlägen aufrufen. Diese Möglichkeit gab es Anfang der 80er noch nicht. Es war mit einem gewissen Aufwand verbunden, an Schriften und weiteres Propaganda-Material zu kommen. „Vieles ging über den Postweg. Es gab aber auch Kongresse und Zusammenkünfte, bei denen man sich ausgetauscht hatte und Material verteilt wurde. Rechtsextremes Material konnte damals aber auch über eine Art Katalog bestellt werden", sagt Rebecca Weiß. Oxner selbst war ihrer Meinung nach aber kein Sammelbesteller und Verteiler. „Er war eher einzelner Empfänger. Am Tatort fand man bei ihm ja eine Vielzahl volksverhetzende Flugblätter der NSDAP-AO."

Doch wie erging es den überlebenden Opfern des Attentats vom 24. Juni 1982? Knapp drei Wochen nach den Schüssen in der Disco war der Kellner Ali K., der von einer Kugel am Hals getroffen wurde, wieder so stabil, dass er das Klinikum verlassen konnte. Um keinen Preis wollte er an seinen Arbeitsplatz zurückkehren, die Erinnerung an den furchtbaren Abend saß zu tief. „Ich war bisher zweimal dort. Jedesmal sehe ich die Verletzten wieder vor mir", wird er in der Ausgabe vom 14. Juli 1982 in den „Nürnberger Nachrichten" zitiert. Jede Hilfe würde er annehmen, doch bisher habe er und seine Familie von öffentlicher Anteilnahme oder Unterstützung wenig gespürt, sagte er eher beiläufig im Gespräch mit der Redaktion, so, als ob es gar nicht anders sein könnte.

Kurz darauf befasste sich der Personalausschuss des Stadtrates mit der beruflichen Zukunft des türkischstämmigen Mannes. Die Grünen beantragten, Ali K. kurzfristig bei der Stadt einen Arbeitsplatz zur Verfügung zu stellen. Mit einer Mehrheit von 36 gegen 33 Stimmen aus der CSU-Fraktion erging damit der Auftrag an die Stadtverwaltung. Obwohl die Union auch für eine schnelle Hilfe an ein Opfer des Rechtsterrors war, stimmte sie dagegen. Die vorgebrachten Gründe hatten mit der Sache aber unmittelbar nichts zu tun: Die CSU gab an, sich gegen die „Flut der Dringlichkeitsanträge" von den Stadtratsmitgliedern der Grünen wehren zu wollen.

Und wie sieht es heute aus? Rechtsextremismus und Rechtsterrorismus sind bekanntlich auch heutzutage präsent. Hass und Hetze breiten sich seit einiger Zeit im Netz immer weiter aus und bereiten den Nährboden für Morde in Deutschland. Das zeigen die rassistischen Mordattacken von Rechtsextremen in Hanau am 19. Februar 2020 und in Halle am 9. Oktober 2019, dem Versuch eines Massenmordes durch einen Rechtsextremisten am höchsten jüdischen Feiertag, dem Jom Kippur.

Für Rebecca Weiß ist klar: „Bereits am Fall Oxner wird deutlich, dass Rechtsterrorismus jeden treffen kann. Die Schüsse fielen in einer Disco, in einem Club des Nachtlebens. Das sind Orte, in denen auch heute junge Leute gerne unterwegs sind. Das ist ein Bezugspunkt, den nahezu jeder auf sein Leben übertragen kann." Auch in Hanau traf der rechtsextreme Mörder auf Menschen, die das Nachtleben in Lokalen genossen.

Tödliche Fahndung

**WIE EINE RAF-TERRORISTIN
IN NÜRNBERG STARB.**
von Alexander Brock

Es waren Schüsse aus den Dienstwaffen zweier Polizisten des Spezialeinsatzkommandos, die Elisabeth von Dyck am 4. Mai 1979 trafen und töteten. Die Beamten hatten in einer Wohnung in der Nürnberger Stephanstraße gewartet. Von Dyck zählte für die Ermittler zu einer Schlüsselfigur der Rote Armee Fraktion (RAF).

Spätabends kommt sie in Nürnberg an. Sie nennt sich Frau Friedrichs und hat eine lange Reise mit dem Zug hinter sich. Es ging von Frankfurt über Stuttgart nach München und dann nach Nürnberg. Für niemanden sichtbar, trägt die 28-Jährige eine Schusswaffe bei sich: eine großkalibrige belgische FN (Fabrique Nationale Herstal). Um ihre Schultern unter dem beigen Trenchcoat hängt ein Patronengurt mit Dum-Dum-Geschossen. Munition, die verheerende Verletzungen hinterlässt, wenn man damit auf Menschen feuert. Es ist Freitag, der 4. Mai 1979. Frau Friedrichs steigt nach 21.30 Uhr in einen Linienbus der VAG Richtung Zerzabelshof. Der Bus rollt durch St. Peter, kurz vor der Haltestelle „Cramergasse" drückt sie den

„Halt"-Knopf. Die Türen springen auf, sie steigt aus. Die Haltestelle liegt direkt am Wohnhaus, Stephanstraße 40, in dem sie Ende Januar ein kleines Apartment angemietet hat. Es sind nur fünf bis zehn Schritte, dann steht sie vor der Türe. Sie drückt auf den Lichtschalter, schließt auf, guckt noch in den Briefkasten, der zur Wohnung gehört und huscht in den ersten Stock. Oben angekommen schiebt sie den Schlüssel in den Schließzylinder der Wohnungstür und dreht ihn um.

Offenbar rechnet sie zu jeder Zeit mit einem Angriff. Wie aus Polizeiakten hervorgeht, ist ihre „FN 9 Millimeter" auch in diesem Moment geladen und entsichert. Sogar der Schlagbolzen ist gespannt. Sie ist in Hab-Acht-Stellung, betritt den Flur und stellt in Sekundenbruchteilen fest: Sie ist nicht allein. „Hände hoch, Polizei!" Doch statt ihre Hände in die Luft zu strecken, greift die 28-Jährige an ihren Hosenbund und zieht ihre Waffe – so jedenfalls ist es im Polizeibericht festgehalten. Aber noch ehe sie abdrücken kann, lösen sich zwei Schüsse, die sie in Oberschenkel und Rücken treffen.

Notarzt und Rettungsdienst rücken jetzt an, auf dem nahen VW-Krauss-Gelände warteten sie schon auf ihren Einsatz. Auch Streifenwagen und Einsatzbusse der Polizei stehen auf dem Areal und bekommen grünes Licht. Alles folgt jetzt einem großen Einsatzplan, der mit diesem tödlichen Empfang in Gang kommt. Von jetzt an ist der Stadtteil St. Peter für Stunden im Ausnahmezustand und wird abgeriegelt. Eine Großfahndung läuft an, Ein- und Ausfallstraßen werden von schwer bewaffneten Einsatzkräften kontrolliert.

Auf dem Weg ins städtische Klinikum Nord klärt sich die wahre Identität der lebensgefährlich verletzten Frau, die gefälschte italienische, französische und deutsche Pässe bei sich hatte: Es ist Elisabeth von Dyck, eine Top-Terroristin der Rote Armee Fraktion (RAF). Die Polizei hoffte, nach dem Zugriff mehrere Mitglieder der RAF zu schnappen, die aus Nürnberg heraus flüchten wollen. Weitere Wohnungen wurden durchsucht, unzählige Personen und Fahrzeuge kontrolliert. Doch die Ringfahndung verlief ohne Erfolg. Elisabeth von Dycks Komplizen tauchten unter. Um 23.15 Uhr erliegt sie im Krankenhaus den Schussverletzungen aus den Dienstwaffen der beiden SEK-Beamten. Von Dyck, eine gelernte Arzthelferin, war die Wohnungsbeschafferin der RAF. Sie organisierte auch Fahrzeuge, Waffentransporte, plante und beteiligte sich an Anschlägen.

Ein solch massiver Einsatzplan von Sicherheitsbehörden, wie er am 4. Mai 1979 abgespult wurde, hat einen Vorlauf. In den Wochen vor den tödlichen Schüssen auf die Terroristin kam es in Nürnberg zu einem Vorfall, der die Fahnder erst auf die Spur der RAF und die konspirative Wohnung in der Stephanstraße führte. Dazu muss man im selben Jahr gut zwei Wochen zurückspringen, zum 17. April 1979.

„Überfall, Geld her!" Es ist genau 8.09 Uhr, als am Dienstag, 17. April, dieser Satz durch die Nürnberger Filiale der Schmidt-Bank an der Lorenzkirche gebrüllt wird. Das Bankhaus gibt es an dieser Stelle schon lange nicht mehr. An diesem Tag des Überfalls aber waren soeben zwei Männer und eine Frau in die Schalterhalle gestürmt, sie tragen großkalibrige Faustfeuerwaffen. Einer der Männer sichert den Eingangsbereich, die anderen bedrohen die Angestellten an den Geldschaltern und lassen sich Banknoten durch die Durchreiche schieben. „Machen Sie dort das Schubfach auf, da ist auch Geld drin!" Offensichtlich haben die Räuber vor dem Überfall alles genau ausgekundschaftet. Immer wieder blicken sie zur Uhr, dann gibt einer das Kommando zum Verschwinden. Vor der Bank wartet ein Wagen mit laufendem Motor, am Steuer eine Frau. Die Räuber springen rasch in das Auto, die Täter flüchten. Die mit militärischer Präzision durchgeführte Aktion hat weniger als eine Minute gedauert, die Beute beträgt etwa 220.000 Mark. Mit dem Fluchtauto fahren sie ein paar Hundert Meter weiter auf die Insel Schütt, lassen den Peugeot 204 mit Landshuter Kennzeichen stehen und steigen dort in einen anderen Wagen um. Spätere Ermittlungen haben ergeben, dass RAF-Terrorist Rolf Heißler den Wagen Anfang April in München gekauft hatte. Und: Die Täter hatten den Peugeot bereits am Tag vor dem Überfall vor der Bank geparkt.

In jenem Frühjahr hatte es eine Reihe von Überfällen auf Nürnberger Banken gegeben, aber dieser unterschied sich von den anderen. Die akkurate Planung und die Beteiligung von Frauen ließen die Fahnder schnell an einen bestimmten Täterkreis denken: die RAF. Die Tatausführung entsprach exakt einem Überfall auf eine Darmstädter Bank vier Wochen zuvor. Im dort zurückgelassenen Fluchtwagen hatten die Ermittler die Fingerabdrücke des Top-Terroristen Christian Klar sichergestellt. Kuriosität am Rande: Seine Fingerspuren befanden sich auf einem Los der Fernsehlotterie „Der große Preis". Hofften die Terroristen, durch die Teilnahme an der Lotterie Geld zur Umsetzung ihrer staatsfeindlichen Ziele zu gewinnen?

Dass die Art des Überfalls die Handschrift von Terroristen trug, da war sich auch der damalige Generalbundesanwalt Kurt Rebmann sicher und beauftragte das bayerische Landeskriminalamt, die Spuren in diesem Fall weiterzuverfolgen. Eine Sonderkommission aus Münchner und Nürnberger Beamten nahm daraufhin die Arbeit auf.

In den Zeitungen wurde natürlich auch das Kennzeichen und der genaue Typ des Fluchtfahrzeugs gezielt veröffentlicht. Und tatsächlich erinnerte sich eine Anwohnerin in der Stephanstraße, diesen Wagen vor dem Banküberfall im Hof ihres Wohnhauses gesehen zu haben. Ein Glücksfall für die Ermittler, so entdeckten sie das konspirative Apartment. Das Haus wurde observiert. Zu diesem Zweck stellte die Polizei einen Bauwagen in der Nähe des Wohnhauses auf. Unauffällig verhielten sich die als Bauarbeiter verkleideten Beamten allerdings nicht. Selbst spielende Kinder sind auf den seltsamen Anhänger aufmerksam geworden, in dem Männer saßen und offensichtlich nichts zu tun hatten. Die Nürnberger Nachrichten zitierten einen Jungen mit den Worten: „Da saßen Tag und Nacht Männer drin und haben hinter dem kleinen Fenster gelauert." Die Kinder rüttelten an der Tür des Bauwagens und klopften an den Fenstern. Die Tarnung drohte aufzufliegen. Jahre später berichtet ein leitender Polizist, dass die Einsatzleitung die Observation damals fast schon abblasen wollte.

Im Rahmen des Einsatzes nahmen Polizeibeamte die leere Wohnung in der Stephanstraße 40 genauer unter die Lupe und wurden fündig: Fingerabdrücke in der Küche und am Waschbecken, Schriftstücke, Kleidung und Geldscheine. Wer hier ein und aus ging, war anhand der gesicherten Fingerspuren nun bombensicher: Christian Klar, Rolf Heißler, Adelheid Schulz, Monika Helbing, Werner Lotze und Elisabeth von Dyck – Mitglieder der zweiten Generation der RAF. Auf ihr und auf das Konto der ersten Generation gingen etwa Attentate auf den Bankier Jürgen Ponto, Generalbundesanwalt Siegfried Buback sowie Arbeitgeberpräsident Hanns Martin Schleyer und dessen Begleiter. Nach dem „Deutschen Herbst" 1977 mit der Ermordung von Hanns Martin Schleyer und der gescheiterten Entführung der Lufthansa-Maschine „Landshut" musste die RAF schwere Verluste hinnehmen. Einige Terroristen gingen den Ermittlern in die Fänge, in Stammheim begingen Andreas Baader, Gudrun Ensslin und Jan-Carl Raspe Selbstmord.

Die RAF befand sich nach 1977 gerade in einer Phase des Neuaufbaus ihrer terroristischen Infrastruktur. Der Wiederaufbau des Netzwerks war nicht gerade billig. Die laufenden Kosten des Unternehmens RAF bezifferten sich nach einer Schätzung des „Spiegel" wie folgt: Mieten in einer Höhe von etwa 300.000 Mark pro Jahr für etwa 30 konspirative Wohnungen. 400.000 Mark für den Unterhalt des gekauften oder gemieteten Fuhrparks. 300.000 Mark für Flug-Tickets, Hotelrechnungen und Spesen. Beträge in unbekannter Höhe für falsche Pässe, elektronische Ausrüstung und das tägliche Leben. Vergleichsweise billig waren die Waffen, eine Maschinenpistole „Heckler & Koch" war auf dem Schwarzmarkt für etwa 1000 Mark zu haben. Terrorismus ist teuer. Die nötigen „Einnahmen" erzielte die RAF mit Entführungen, Erpressungen und eben Banküberfällen wie den in der Nürnberger Schmidt-Bank. Skrupel gab es keine, galt doch Bankraub als „Enteignung des Finanzkapitals". RAF-Experte Butz Peters beziffert die über die Jahre geraubte Beute auf etwa sieben Millionen Mark.

Den Unterschlupf der Terroristen in der Stephanstraße haben rund um die Uhr drei Beamte besetzt, die regelmäßig abgelöst wurden. Insgesamt waren 150 Beamte für die Observation zuständig. Es waren Angehörige des Münchner Spezialeinsatzkommandos (SEK), die im Apartment im ersten Stock angespannt auf von Dyck & Co. warteten. Wie aus den Akten auch hervorgeht, sind die drei SEK-Beamten am Abend des 4. Mai 1979 vor dem Zugriff bereits fünf Stunden lang in der möblierten Eineinhalbzimmerwohnung gesessen, als die Terroristin sich der Wohnung nähert. Nichts deutet zu diesem Zeitpunkt vor der Haustür auf ein Großaufgebot von Einsatzkräften hin, das Minuten nach den tödlichen Schüssen aktiv wird. Es ist ruhig, der Linienbus schließt die Tür und fährt weiter die Stephanstraße hinunter. Die Observationskräfte werden nervös, nehmen per Funk Kontakt zu ihren Kollegen in der Wohnung auf und informieren sie über die Ankunft einer verdächtigen Person. Es vergehen nur wenige Sekunden, dann fallen die Schüsse.

Das bayerische Innenministerium lobte den Fahndungserfolg, doch bald wurde massive Kritik an dem überhasteten Zugriff des LKA laut. Denn die anschließende Großfahndung mit Straßensperren, Fahrzeug- und Personenkontrollen war selbstverständlich so angelegt, dass der Polizei auch die anderen untergetauchten Terroristen ins Netz gehen, sofern sie sich in Nürnberg überhaupt aufhielten. Doch die Hoffnung, in dieser Nacht der Terrorgruppe weitere empfindliche Schläge zu verpassen, verblasste mit jeder Minute. Nach der Schießerei dauerte es mehr als drei Stunden, ehe das Landeskriminalamt in München „Landesalarmfahndung" anordnete. Erst um 1.45 Uhr gab die bayerische Grenzpolizei das Stichwort „Grüne Grenze" aus. Das hieß, jeder, der an bayerischen Grenzstationen ankommt, wird kontrolliert. Genügend Zeit also, sich aus dem Staub zu machen. Statt abzuwarten und möglicherweise die führenden Köpfe der RAF zu schnappen, habe man halt bei erster Gelegenheit „fränkisch abgeräumt", höhnte de „Spiegel".

Der damalige Nürnberger Polizeipräsident Helmut Kraus wurde nicht nur einmal mit der Frage konfrontiert, warum von Dyck erschossen und nicht festgenommen wurde. Die SEK-Beamten in der Wohnung trugen schusssichere Westen und richteten ihre Waffen auf die eintretende Person. In einem „Spiegel"-Interview antwortete Kraus: „Die Beamten wussten, sie würden es mit Leuten zu tun bekommen, die zum harten Kern der Top-Terroristen zählen, die sich nach allen bisherigen Erkenntnissen einer Festnahme, wenn irgend möglich, entziehen und ohne Hemmungen sofort von der Schusswaffe Gebrauch machen würden." Elisabeth von Dyck habe aber,2 statt, wie aufgefordert, die Hände hochzunehmen, zu ihrer Waffe gegriffen.

Dass die einstige konspirative Wohnung dem Diehl-Werk genau gegenüber liegt, ist aus Sicht von Terror-Spezialisten kein Zufall. Das Unternehmen stellte Geräte für Regler und Messtechnik her – auch für die Bundeswehr. Die

Firma ist auch bekannt für ihre Herstellung von Waffensystemen. Der Name Karl Diehl soll neben zahlreichen Prominenten aus Wirtschaft und Politik in den Notizen der Terroristin von Dyck gefunden worden sein. Den Verdacht, dass der Firmen-Chef Ziel der RAF gewesen war, wiesen der Polizeipräsident und der Sprecher von Diehl damals als haltlose Spekulation zurück.

Bis heute hängen aber Video-Kameras an der Hauswand der Stephanstraße 40. Ein Fokus ist sogar direkt auf die Haustüre gerichtet, durch die Elisabeth von Dyck am Abend des 4. Mai schritt. Wer aber genau am Überfall auf die Schmidt-Bank beteiligt war, konnte nie abschließend geklärt werden. Überwachungskameras hätten die kaum maskierten Räuber wohl identifizieren können – die beiden Männer trugen lediglich Sonnenbrillen, die Frau eine Perücke. Nur leider waren diese Kameras zwar schon lange bestellt, aber zum Zeitpunkt des Überfalls noch nicht geliefert und montiert.

Die Terroristen hatten mit dem Überfall auf die Nürnberger Schmidt-Bank jedenfalls 220.000 Mark mehr in der Kriegskasse. Gelagert wurde die Beute aus den Raubzügen häufig in Erd-Depots; ein solches wurde der RAF-Führung später zum Verhängnis. 1982 entdeckten Pilzsammler in einem Wald bei Offenbach das zentrale Depot. Es enthielt fünf Gewehre, fünf Maschinenpistolen, sieben Kilogramm Sprengstoff, Pistolen, Handgranaten und rund 50.000 Mark. Der wichtigste Fund war jedoch eine Wegbeschreibung zu weiteren Lagerstätten, die sodann in der Aktion „Eichhörnchen" diskret überwacht wurden. Nacheinander spazierten Brigitte Mohnhaupt, Adelheid Schulz und Christian Klar in diese Falle. Das war das Ende der zweiten Generation der RAF.

Eingemauert
im eigenen Anwesen

**WARUM EIN SOHN
SEINE ELTERN TOTPRÜGELTE.**
von Ulrike Löw

Ein junges Paar flehte vor Fernsehkameras um Hilfe: Die Eltern des Mannes waren spurlos verschwunden. Sechs Tage später wurden ihre Leichen gefunden – eingemauert in der Garage des eigenen Anwesens.

Plötzlich schlugen die Spürhunde an. Die Hundeführer der Polizei standen im Garten eines Einfamilienhauses in Schnaittach, nördlich von Nürnberg, als die Tiere großes Interesse am Anbau einer Garage zeigten. Die Einsatzkräfte forderten Bagger und Presslufthämmer an. Es war 12.46 Uhr, als am 22. Januar 2018 die Vermisstensache Hannelore (66) und Herbert Kresse (70) zur Mordermittlung wurde.

Die Toten lagen in Salz, wohl um zu verhindern, dass sich Blut im Mauerwerk zeigte. Müllsäcke waren in ihre Münder gestopft, die Leiber in Folie gewickelt, die Köpfe steckten in Plastiktüten. Später wies ein Daktyloskop des Landeskriminalamtes an einem Klebeband Fingerabdrücke von Hugo Kresse nach. Ihrem Sohn.

Heute ist bekannt: Hugo Kresse, damals 25 Jahre alt, hat seine Eltern am 14. Dezember 2017 mit einem Zimmermannshammer zu Tode geprügelt, die Leichname zementierte er gemeinsam mit seiner damaligen Verlobten Christine ein. Derzeit verbüßen beide eine lebenslange Freiheitsstrafe, das heißt die Haftzeit ist von unbestimmter Dauer, eine Haftentlassung ist frühestens nach 15 Jahren möglich. Er sitzt als Doppelmörder im Hochsicherheitstrakt Straubing, ihre Zelle ist in der Justizvollzugsanstalt Aichach.

Ein Jahr vor der Tat, im Dezember 2016, lernte der Informatiker Hugo Kresse über ein Single-Portal im Internet seine spätere Ehefrau Christine kennen. Christine war drei Jahre jünger und arbeitete als Kinderpflegerin. Die beiden verloren sich wieder aus den Augen und trafen sich im Mai 2017 bei der „Blauen Nacht" in Nürnberg wieder; nach wenigen Wochen übernachtete die junge Frau ständig bei ihm, er bewohnte die Dachwohnung seines Elternhauses in Schnaittach.

Das Liebesglück währte kaum ein Jahr: Sie feierten Weihnachten, Hochzeit und Silvester – und am 22. Januar 2018 nahm die Polizei beide fest. Der Zugriff war spektakulär: Das Paar fuhr mit dem Auto gegen 8 Uhr Richtung Nürnberg, als es nahe der Schnaittacher Autobahnauffahrt zur A9 angehalten wurde. Beamte eines Spezialeinsatzkommandos zertrümmerten eine Scheibe. Noch wurden Hugo und Christine Kresse wegen des Mordes nur verdächtigt, sie sollten wohl eingeschüchtert und zum Reden bewegt werden. Wenige Stunden später wurden die eingemauerten Leichen geborgen.

Wie konnte es nur so weit kommen? Was war in Schnaittach geschehen? Das Verbrechen sorgte bundesweit für Schlagzeilen, doch was hinter der Stirn von Christine und Hugo Kresse vor sich ging, was sie dachten und fühlten – all dies versuchten andere zu erklären. Verflossene Liebschaften der beiden wurden befragt und die früheren Nachbarn, ehemalige Arbeitskollegen und ein Forensischer Psychiater. Das Paar selbst trug zur Aufklärung nichts bei. Hugo Kresse sagte im Prozess kein Wort und er schweigt bis heute. Christine Kresse beteuerte von Anfang an ihre Unschuld, ein Mordkomplott wies sie zurück, gegen ihre Verurteilung zog sie bis zum Bundesgerichtshof. Erfolglos. Sie sucht noch immer den Kontakt zu den Medien und Hugo Kresse wirft ihr vor, pausenlos zu lügen.

Es ist eine geradezu unglaubliche Geschichte eines brutalen Doppelmords, eines Verbrechens, begangen aus (abhängiger) Liebe. Ein Fall voller Lügen. Noch in der Untersuchungshaft schickten sich die beiden schmalzige Liebesbriefe und malten Herzchen an den Rand – und als die Briefe beschlagnahmt und im Gerichtssaal als Beweisstücke verlesen wurden, lächelte Christine Kresse, als sei sie eine Schauspielerin in einer Vorabendserie. Dabei drängte sich der Gedanke auf, dass dieser Kriminalfall als Fernsehkrimi niemals funktionieren würde, zu überspannt erschiene das Drehbuch.

Tatsächlich war in der Öffentlichkeit zunächst von einem Vermisstenfall die Rede: Hugo Kresse selbst bestellte Anfang Januar 2018 ein Team von Franken Fernsehen in sein Elternhaus. In einem dramatischen Appell wandte er sich an die „sehr geehrten Damen und Herren", die „lieben Verwandten" und die „lieben Familienmitglieder": Die Zuschauer sahen ihn auf einem Sofa sitzen. Seine braunen Locken waren zerzaust, mit Dackelblick klagte er vor laufender Kamera, wie „schmerzlich" er seinen Vater und seine Mutter vermisse. Christine Kresse saß neben ihm und schluckte. Sie trug einen rosa Pullover, das blonde Haar fiel ihr, frisch gelockt, auf die Schultern, sie nickte zu den Worten ihres Mannes.

Er faltete die Hände: „Die größte Freude, die man uns machen könnte, wäre einfach, dass die beiden wieder zur Tür reinkommen. Dass wir wenigstens wissen, was mit ihnen passiert ist." Was damals kein Zuschauer ahnte: Seine Eltern lagen, einzementiert, in der Garage. Nur wenige Meter von dem Sofa entfernt. Im TV-Interview teilte Hugo Kresse mit: „Der Punkt ist der: Mein Vater ist in Schnaittach geboren. Er hat immer gesagt: Er kommt in Schnaittach auf die Welt und in Schnaittach geht's auch zu Ende."

Das Video ist bis heute bei YouTube abrufbar. Ihre barocken Formen verleihen den beiden jungen Leuten weiche Gesichtszüge. Vielleicht will einem deshalb nicht eingehen, dass dieser Milchbubi brutal getötet hatte und die naiv wirkende Christine geholfen hatte, die Blutspuren im Haus zu überstreichen. Die beiden, dies schilderten die aufmerksamen Nachbarn später, schufteten viel in jenen Tagen. Sie entsorgten einige dicke Müllsäcke, schleppten Zement und Steine, befestigten neue Gardinen im Schlafzimmer. Dass sie beobachtet hatten, wie ein junges Paar Spuren eines Verbrechens beseitigte, ging den Nachbarn freilich erst später auf.

Die Polizei mühte sich, die Handys der Vermissten zu orten, ein Helikopter wurde eingesetzt und Hugo Kresse rief öffentlichkeitswirksam eine Facebook-Seite ins Leben. In der Pegnitz-Zeitung bat er um Spenden für die Suche. Später wurde bekannt, dass die Ermittler damals ein Telefonge-spräch abhörten, in dem Christine sehr viel lachte und ihren Hugo ob seines Schauspieltalents im TV lobte.

Hugo Kresse geriet schnell ins Visier der Ermittler: Er hatte Vater und Mutter am 28. Dezember als spurlos verschwunden gemeldet, jedoch auch behauptet, sie seien am 13. Dezember in den Urlaub gefahren. Zeitgleich bot er das Wohnmobil seiner Eltern für 18.500 Euro im Internet zum Kauf an und informierte sich, wie ihm am schnellsten das Elternhaus übertragen werden konnte – und all dies, bevor im Franken Fernsehen das dramatische Video zu sehen war. Die Geschichte stank zum Himmel, zumal den Poli-zisten – im Rahmen der Vermisstensuche sollten im Haus Spuren gesichert werden – im Haus auch noch der massive Farbgeruch in die Nase stieg.

Wie Leichen zu beseitigen, Blut und Spuren zu verbergen waren, dies recherchierte das mörderische Paar im Netz. Und diese digitalen Spuren konnten sie nicht verwischen. Sie lasen auf einer Haushaltsseite nach, dass Blutflecken aus Teppichen keinesfalls mit warmem Wasser entfernt werden sollten, und hielten Ausschau nach einer Schwarzlicht-Lampe – mit deren Licht können noch die kleinsten Blutspritzer sichtbar gemacht werden. Dazu hielt Hugo Kresse auf einer verstörenden Liste akribisch die Aufgaben der nächsten Tage fest: Tapeten entfernen, Wand verspachteln und strei-chen, Möbel lackieren. Er kalkulierte die nötige Zeit und notierte, wer was zu tun hatte – ob „C." oder „H.", oder „C. und H."

Verbrechen werden in Deutschland katalogisiert: Jedes Jahr sammeln Heerscharen von Beamten im Bundeskriminalamt die Daten aus allen Bun-desländern und werten sie aus. Einen Unterpunkt „Elternmord" gibt es nicht. Laut der Behörde wurden in Deutschland im Jahr 2017, in dem Jahr, in dem auch Hannelore und Herbert E. einen gewaltsamen Tod starben, 731 Tötungsdelikte gezählt, davon wurden 405 als Morde gewertet.

Im Paragraf 211 des Strafgesetzbuches heißt es: „Mörder ist, wer aus Mord-lust, zur Befriedigung des Geschlechtstriebs, aus Habgier oder sonst aus niedrigen Beweggründen, heimtückisch oder grausam oder mit gemeinge-fährlichen Mitteln oder um eine andere Straftat zu ermöglichen oder zu verdecken, einen Menschen tötet."

Bei Hugo Kresse hat die Schwurgerichtskammer des Landgerichts Nürnberg-Fürth die Mordmerkmale der Heimtücke und der niedrigen Beweggründe gesehen: er habe seine Eltern getötet, weil sie seinen Heiratsplänen im Weg standen. Dies zeuge von „besonders krasser Selbstsucht" und seien niedrige Beweggründe. Christine Kresse habe ihren Partner aus niedrigen Beweggründen zum Mord angestachelt und wurde deshalb als Anstifterin – so will es das Gesetz – ebenso bestraft wie der Täter selbst.

Hugo und seine Eltern, dies bekundeten viele Nachbarn, waren ein „Herz und eine Seele". Er werkelte mit seinem Vater einträchtig im Garten. Eine Freundin, so soll Hugo häufig gesagt haben, habe nur eine Chance, wenn sie auch von seinen Eltern akzeptiert werde.

Und dann zerstörte er in der Nacht zum 14. Dezember 2017 die Dreieinigkeit „Mutter, Vater, Kind". Seine Mutter schlief in ihrem Bett, als er ihr mit mindestens 15 Schlägen den Schädel einschlug. An ihrem Leichnam fanden die Rechtsmediziner nur noch an den Unterarmen Verletzungen – diese belegten, dass die arg- und wehrlose Frau in den letzten Sekunden ihres Lebens versucht hatte, ihr Gesicht zu schützen. Seinen Vater, dies konnte trotz der überstrichenen Blutspritzer an den Wänden und den Zimmerdecken nachgewiesen werden, hatte er durch die halbe Wohnung gejagt.

Dunkler, schrecklicher geht es kaum. Der Tabubruch ist bedrohlich, eigentlich unvorstellbar. Wie konnte die Liebe zu seinen Eltern in diesen extremen Gewaltexzess umschlagen?

Ein Verbrechen aus Liebe, bot Michael Wörthmüller, Forensischer Psychiater und erfahrener Gerichtsgutachter, als psychologischen Überbau an. Er erklärte, in der Beziehungsdynamik der beiden sei die Bluttat ein Liebesbeweis, und das von uns Zuschauern als heuchlerisch empfundene Interview im Franken Fernsehen sei nur eine weitere gemeinsame Lüge gewesen. Selbst die Leichen auf dem Grundstück hätten ihr Gefühl der Zusammengehörigkeit verstärkt.

Das Interesse der Öffentlichkeit an diesem Strafverfahren war groß – und immer wieder hat das Publikum im Gerichtssaal verhalten gekichert. Die Nachbarn beschrieben Hugo als übermäßig behütetes „Muttersöhnchen", attestierten Hannelore E. einen „gewissen Putzwahn", nannten sie eine „Glucke". Sie chauffierte ihren Sohn noch, als er bereits die Realschule in Lauf besuchte. Im Alter von 17, 18 Jahren trug Hugo Hemd und Weste, er lief herum wie eine Miniaturausgabe seines Vaters. Und wenn Hannelore E. über ihre künftige Schwiegertochter sprach, klagte sie öffentlich über deren begrenzten Sinn für Sauberkeit. Als Christine eingezogen war, fand beinahe täglich um 15 Uhr auf der Terrasse eine Kaffeetafel statt. Aus Sicht der Nachbarn ein „aufgesetztes, inszeniertes" Familienidyll. Und ausgerechnet hinter dieser perfekt geputzten Fassade richtete der Sohn ein Blutbad an. Dies löste in Schnaittach nicht nur Mitleid aus, sondern sorgte auch für Häme.

Hugo Kresse war immer ein Außenseiter: In der Schule schrieb er gute Noten, doch er hatte keine Freunde. Den Übertritt ins Gymnasium wagte er nicht, dort gingen die Schüler hin, die ihn schon in der Grundschule wegen seines Übergewichts gequält hatten. Als Realschüler flüchtete er sich in die Musik. Er lernte Gitarre, spielte in einer Big Band und schließlich brachte er es zu Auftritten als Alleinunterhalter bei Vereinen, immer unterstützt von seinem Vater.

Als er später Fachinformatiker wurde, nebenher ein Studium absolvierte, sein Übergewicht in den Griff bekam und erste Kontakte zu Frauen pflegte, entwickelte er Selbstbewusstsein.

Doch das labile Selbstwertgefühl, so erläuterte der Psychiater, sei Hugo Kresse geblieben, er habe schizoide und selbstunsichere Persönlichkeitsanteile. Einst als „dicker Hugo" gehänselt, wollte er der Nachbarschaft beweisen, dass auch er im Leben etwas schaffen konnte. Regeln und Normen wolle er nicht einhalten, er sei süchtig nach Aufmerksamkeit. Schwächen, Unzulänglichkeiten, Fehler würde er nicht zugeben. Wie weit dies ging, zeigte seine Reaktion, als die Obduktion im Gerichtssaal zur Sprache kam. Diese Ausführungen habe er nur schwer ertragen, schrieb Hugo an Christine. Auch dieser Brief, den er ihr in die Zelle schickte, wurde beschlagnahmt und verlesen. „Kaltherzig" hätten die Mediziner über den Zustand der Leichen gesprochen, meint er, er hätte seine Eltern lieber lebendig in Erinnerung behalten.

Wie sich der Alltag mit einem Menschen von solcher Persönlichkeit gestaltete, daran erinnerten sich eine Verflossene und Ex-Kollegen: Hugo

Kresse sei hochintelligent, er wäre klug genug gewesen, um in der Firma weiterzukommen. Doch er trat gefühlskalt, gierig und geizig auf. Im Büro entwendete er USB-Sticks, in der Kantine Pfeffer- und Salzfässchen. Als ein Teamleiter zum Abendessen lud, lehrte er ein Weinglas nach dem anderen und klopfte frauenfeindliche Sprüche. Er prahlte lauthals, dass er die Solaranlage der Eltern so manipuliert habe, dass auch der verbrauchte Strom im Netz als Guthaben verbucht wurde. Zu Raucherpausen erschien er mit einem ganzen Sortiment an Pfeifen und als er irgendwann seine Vorliebe für Chillies entdeckte, brachte er einen Berg der schärfsten Schoten mit.

Schon als Azubi soll er seinen Lebensentwurf hinausposaunt haben: Kinder und Karriere, bis zu seinem 30. Geburtstag sollte hinter diesen Punkten ein Haken sein. Er sprach von Heirat und einer großen Hochzeitsfeier – noch bevor er eine Freundin hatte. Und als er endlich eine Partnerin gefunden hatte, zählten deren Bedürfnisse nicht.

Seine erste Freundin, eine Arzthelferin, zog zu ihm nach Schnaittach. Sie erlebte, wie er seinen Vater als Vorbild sah und seine Mutter, die ihn rund um die Uhr verhätschelte, verachtete. Er habe die Mutter einmal geschlagen und immer wieder als „dumme Sau" beleidigt. Sie selbst, so seine Ex-Freundin, sollte ständig bereit zum Sex sein, ordentlich putzen und außerdem abspecken. Täglich musste sie vor ihm auf die Waage treten – wenn sie eine passable Figur hätte, wollte er sie heiraten. Letztlich sei sie froh gewesen, dass er Christine kennenlernte und einen Schlussstrich zog.

Mit Christine hatte er einen Menschen gefunden, der ebenfalls erhebliche Probleme mit sich selbst hatte. Intellektuell betrachtet, konnte sie ihm nicht das Wasser reichen: Die Schule hatte sie nach der 9. Klasse verlassen. Sie wirkte so unbeholfen, dass bei einem Vorstellungsgespräch in einem integrativen Kindergarten der Eindruck entstand, sie selbst sei geistig eingeschränkt. Und doch war sie die treibende Kraft hinter dem Verbrechen. Allerdings nächtigte sie zum Zeitpunkt der Tat bei ihren Eltern im mehr als 30 Kilometer entfernten Burgthann – wie konnte sie einen Mann zum Mord an seinen Eltern bringen?

Die beiden waren eine brandgefährliche Mischung: Er galt als Eigenbrötler, als Sonderling. Doch mit ihr hatte er endlich seine Herzdame. Und ihr opferte er seine Eltern.

Christine stellte ihre eigenen Wünsche nie hinten an, stets war sie auf ihren Vorteil bedacht: Sie flirtete auf Online-Portalen mit zig Männern gleichzeitig, feierte am Arbeitsplatz häufig krank und belog ihren Vater und ihre Mutter nach Strich und Faden, wie abgehörte Telefonate mit ihrer Oma belegten. Sollte sie zur Rede gestellt werden, gaukelte sie vor, dass ihr Handy „spinnt", war nicht erreichbar und verlangte von Hugo, ihre Lügen zu decken.

Der Psychiater bescheinigte weder Christine noch Hugo eine Persönlichkeitsstörung. Er nannte Christine „dominant, manipulativ und theatralisch", sie habe „dissoziale Anteile".

Die junge Frau, die als „naiv", von Freundinnen und Ex-Kollegen auch als „vorlaut", „dominant", „zickig, verlogen und nie um eine Ausrede verlegen" beschrieben wurde, duldete schon in vorherigen Beziehungen die Bezugspersonen ihrer Partner nicht. Schon früher empörte sie sich über die Schwester eines Partners und fantasierte über deren Tod, ein anderes Mal schimpfte sie über die Eltern eines Verflossenen. Und nun stand ihre künftige Schwiegermutter Hannelore E. dem endgültigen Umzug nach Schnaittach im Weg.

Das junge Paar hatte bereits in Eheringe investiert und in Nahrungsergänzungsmittel – mit deren Hilfe sollte sich der Kinderwunsch beschleunigt erfüllen. Mutter Hannelore Kresse tat all diese Zukunftspläne als „Spinnerei" ab. Christine begann, gegen ihre künftige Schwiegermutter zu hetzen.

Es folgten Liebeskummer-geplagte Wochen. Die beiden trennten und versöhnten sich, trennten und versöhnten sich erneut. Anfang Oktober 2017 drohte Hugo mit Suizid. Er schrieb einen Abschiedsbrief, schnitt sich das Bein auf, schickte Christine ein Foto seiner Selbstverstümmelung und drehte ein Video. Er schluchzte heftig und flehte sie an, ihn zu heiraten.

Zwei Wörter, er tippte sie in dieser Zeit häufig in die Suchmaschinen des Internets – belegen seine emotionale Achterbahnfahrt: Hochzeitsfeier und Gift.

„Du hast mich zum Mord getrieben", warf er bereits am 22. November 2017 Christine per SMS vor. Damals ging es noch um vergiftetes Gebäck.

Das Paar soll Hannelore Kresse einen vergifteten Muffin aufgetischt haben und als der Anschlag missglückte, eine mit Lösungsmittel versetzte Tasse Kaffee.

Nach dem Kaffeetisch mit Muffin kämpfte Hannelore Kresse mit Durchfall und Erbrechen. Sie suchte ihren Hausarzt auf, aber der Mediziner bestätigte keine Vergiftungserscheinungen. In der Laufer Gegend litten damals viele unter einem Magen-Darm-Infekt. Zum Schuldspruch führten diese mutmaßlichen Mordversuche nicht, die Beweise waren zu dünn.

Und doch irritieren die E-Mails und SMS-Nachrichten, die sich Hugo und Christine damals schickten, bis heute. Auf den Vorwurf, „Du hast mich zum Mord getrieben", konterte sie: „Ich habe gesagt, das geht zu weit". Dazu warf sie ihm vor, dass er sie fast erdrosselt habe. Hugos Antwort: „Du willst doch auch diese Hass-Liebe-Kombi." Sie: „Du hast eine extreme Gewalt in dir." Er: „Vielleicht hätte ich doch dir den Muffin geben sollen. Ein Fehler."

Fest steht: Im Internet hatten beide nach giftigen Pflanzensamen gesucht, wie die Ermittler feststellen konnten. Doch auch zu diesem Vorwurf zuckte Christine Kresse nach ihrer Festnahme nur die Achseln. Selbst wenn all das Zeug über ihre E-Mail-Adresse bestellt worden sei, sie wundere das nicht. Ihr Freund Hugo habe ihre Passwörter schließlich gekannt.

Bei dieser Taktik blieb sie: Immer wieder betonte sie, in der Nacht des Doppelmordes nicht in Schnaittach gewesen zu sein. Hugo habe ihr die Tat am Telefon gestanden. Wochen später heiratete sie ihn, um ihn später einen eiskalten Mörder zu nennen, der auch sie körperlich und psychisch fertig gemacht habe.

Geglaubt hat ihr keiner. Nicht die Kriminalpolizisten, nicht die Richter, nicht die anderen Frauen in der Haftanstalt. „Mindestens 100-mal am Tag sagte sie, dass sie unschuldig sei", erinnerte sich eine damalige Mitgefangene. Christine hielt in der Untersuchungshaft regelrecht Hof. Jeden Tag erzählte sie Geschichten und gab dabei angeblich ständig unterschiedliche Versionen zum Besten.

Doch Bilder können nicht lügen. Hannelore und Herbert Kresse hatten, aus Angst vor Eindringlingen von außen, vielleicht auch nur, um Einbrecher abzuschrecken, an der Fassade ihres Hauses eine Überwachungskamera installiert – wie hätten sie auch ahnen können, dass die Gefahr einmal im Inneren ihres Hauses lauern würde. Am Ende waren es auch die Bilder dieser Kamera, die Christine Kresse überführten: Aufgezeichnet wurde in jenen Tagen zwischen dem Mord im Dezember und der Festnahme im Januar ein junges Paar, das einträchtig auf der Terrasse stand.

Sie hatten gemeinsam Zement und Steine geschleppt, im Hintergrund sprang ein kleiner Welpe. Selbst die Hunde-Züchterin wurde befragt und erinnerte sich an ein angeberisch-arrogant agierendes Paar mit einem dicken Bargeld-Bündel. Offenbar zahlte Hugo Kresse selbst den Zement, den er über seine Eltern häufte, von deren Ersparnissen.

Hugo Kresse blieb bei all dem ruhig. Kein Wort, kein Kopfschütteln, keine Geste verrieten im Gerichtssaal, was er dachte. Er schickte weiterhin Briefe voller Liebesschwüre und gemalten Herzchen an Christine, gleichzeitig änderte sich sein Ton.

„Du lügst eben immer wieder gerne", schrieb Hugo Kresse „siehe Prozessakte." Tatsächlich hörte er in der Beweisaufnahme auch, dass sich seine Ehefrau kurz nach der Hochzeit im Internet über „Eheauflösung" informierte. Und am 31. Dezember 2017, nur zwei Tage nach der Trauung, meldete sie sich im Internet bei einem Flirtportal an. „Du bist eh nicht treu", merkte Hugo an, „du liebst es, mich zu verarschen." Schließlich teilte er mit: „Wenn ich die Wahrheit sage, werde ich dich belasten."

So weit ist es nie gekommen. „Wir schicken uns noch immer Liebesbriefe mit vielen Herzen", schrieb Hugo Kresse noch im Frühjahr 2020 an Christines Familie. Zu diesem Zeitpunkt saß er längst im Hochsicherheitstrakt in Straubing, ein Jahr vorher war er verurteilt worden. Er liebe sie „über alles", und habe auch seine Schwiegereltern „ins Herz geschlossen". Er bat um einen Besuch, auch wenn er damit „vermutlich zu viel verlangt". Er endete mit „euer Schwiegersohn".

Auch seinem „lieben Herzchen" Christine schrieb er wieder. Sie hatte damals gerade erreicht, dass ihr Prozess zumindest in Teilen neu geführt wird. Eine „Ungerechtigkeit", meinte Hugo. Schließlich sei sie schuld am Tod seiner Eltern: „Es gab so viel Streit wegen dir." Er wollte wissen, wieso sie ihn eigentlich als „Monster" hinstelle und unterzeichnete „in Liebe".

Auch Christine schrieb. Im Gefängnis, so teilte sie ihren Eltern mit (Unterschrift „eure kleine Prinzessin"), fühle sie sich „so lala": Sie genieße die Sportstunden, doch sie verzweifle, wenn das TV-Gerät am Abend ausfalle. Die Liebesschwüre von Hugo erwähnte sie nicht. Doch sie erkundigte sich nach einem früheren Flirtpartner.

Mittlerweile haben sich die beiden hinter Gittern ihre Scheidung abgewickelt und Hugo Kresse hat sein Elternhaus verloren. Neffen und Nichten des ermordeten Hermann Kresse hatten eine Erbunwürdigkeitsklage erhoben.

„Erbunwürdig ist, wer den Erblasser vorsätzlich und widerrechtlich getötet oder zu töten versucht hat", heißt es im Bürgerlichen Gesetzbuch. Und wer könnte unwürdiger sein, das Erbe seiner Eltern anzutreten, als der Sohn, der ihnen das Leben genommen hat.

Horrortrip
an die Ostsee

EIN SEXUALVERBRECHER FÄHRT MIT EINER FRAU DURCH HALB DEUTSCHLAND.
von Ulrike Löw

Wird er es wieder tun? Wenigstens diese Frage stellt sich im Fall des Sexualstraftäters Bruno Zemmer nicht. Er war 18 Jahre, als er im Jahr 1981 erstmals vor einem Gericht stand und verurteilt wurde. Rund drei Jahrzehnte später sieht es so aus, als würde er hinter Gittern bleiben, bis er ein alter Mann ist.

Was kann der Mensch den Menschen antun? Bruno Zemmer lernte seinen Vater nie kennen, sein Stiefvater betrachtete ihn als „Bastard". Er folterte und verprügelte ihn, die Mutter sah tatenlos zu. Schließlich hielt Bruno Zemmer seinem Stiefvater ein Messer an den Hals. Von da an wurde er in Ruhe gelassen. Zemmer kam in eine Jugendhilfeeinrichtung, er schaffte es, eine kaufmännische Lehre abzuschließen. Als dies schildert er einem Psychiater – als ihm längst klar war, dass ihn das schärfste Schwert erwartete, das das Strafrecht kennt. Die Sicherungsverwahrung.

Bruno Zemmer ist gefährlich für die Allgemeinheit. Deshalb wurde er unbefristet eingesperrt. Seine Fantasien nannte er selbst sadistisch und pervers.

Als er 18 Jahre war, landete Bruno Zemmer erstmals vor einem Richter, 1981 brachte ihn ein Raubüberfall erstmals in eine Haftanstalt, zwei Jahre Jugendstrafe saß er ab. Von da an geriet er immer wieder mit dem Gesetz in Konflikt. Im Oktober 1983 klingelte er morgens um 5.30 Uhr bei seiner Nachbarin. Er war gerade aufgewacht und hatte an Sex mit ihr gedacht. Er drängte sie in ihre Wohnung, schlug und vergewaltigte sie. Sie bettelte, flehte und weinte. Genützt hat es ihr nichts.

Um 5.45 Uhr ging Zemmer wieder in seine Wohnung zurück. Und während die verzweifelte und gedemütigte Nachbarin erst Stunden später die Kraft aufbrachte, zu ihrem Telefon zu greifen um die Polizei zu alarmieren, duschte sich Bruno Zemmer in aller Ruhe in seinem Badezimmer. Er verabschiedete sich von seiner Ehefrau, sechs Wochen vorher hatten die beiden geheiratet. Er ging zur Arbeit – als sei nichts gewesen.

Als ihn die Polizei einen Tag später festnahm, erzählte er, er habe am frühen Morgen zunächst von Sex mit der Nachbarin geträumt. Dann sei er aufgestanden und zu ihrer Wohnung gelaufen. Er will nicht einmal begriffen haben, dass er ein Verbrechen beging. Der Scheidungsantrag seiner Frau erreichte ihn in der Haft. Das Landgericht Nürnberg-Fürth verhängte fünfeinhalb Jahre Freiheitsstrafe.

1993 wurde er wegen Unfallflucht verurteilt, 1997 wegen Urkundenfälschung. Zeitweise bekam er sein Leben in den Griff: Er fand wieder eine Frau, kümmerte sich um seine beiden Kinder, ging arbeiten wie Tausende anderer Familienväter.

Doch dann plünderte er das Konto seines Chefs, um ins Bordell zu gehen. Er verlor seine Stelle, blieb die Miete schuldig, verkrachte sich mit seiner Partnerin. Und er stellte sich immer häufiger vor, „eine Frau zu fangen", wie er selbst es formulierte.

Zwischen September und Dezember 2000 brach er mehrere Autos auf, alle im Besitz von Frauen. Er stahl Handtaschen und Geldbeutel, doch vor allem nahm er Ausweispapiere mit – um die Adressen potenzieller Opfer auszuspionieren. Am Nürnberger Nordring drang er über die Terrasse in die Wohnung einer alleinstehenden Frau ein. Er hatte einen Elektroschocker dabei und einen exakten Plan, wie er sie misshandeln würde. Er knüpfte Fesseln an ihr Bett und wartete.

Doch als sie am Abend nach Hause kam, bemerkte sie den Einbrecher. Sie konnte flüchten. Bruno Zemmer ist 1,74 Meter groß und auffällig dick –

die Personenbeschreibung der betroffenen Frau führt schon damals dazu, dass die Polizei rasch an Zemmer dachte, auch hatte er am Tatort Fingerabdrücke hinterlassen. Bruno Zemmer wurde im Jahr 2001 verurteilt und in der Forensischen Abteilung eines psychiatrischen Krankenhauses untergebracht. Im November 2009 durfte er die Anstalt verlassen. Drei Gutachter nahmen Stellung zu der Frage, wie gefährlich Bruno Zemmer noch sei. Sie stellten ihm eine günstige Sozialprognose. Ein verhängnisvoller Irrtum.

Elf Monate später, im Oktober 2010, entführte er zwei Frauen. Eine hatte gerade ihren 20. Geburtstag gefeiert, die andere war 23 Jahre. Seiner Grausamkeit war er sich bewusst. Er brachte es fertig, sich bei einer der jungen Frauen mit den Worten „ich kann nicht anders" zu entschuldigen, während er über sie herfiel. Als er geschnappt wurde, weinte er bei seiner Vernehmung, erinnerte sich später die Kriminalhauptkommissarin, die ihn verhörte.

Wie dunkel ist seine Seele? Kann er Mitgefühl überhaupt empfinden? Einem Psychiater, der sich nach den Entführungen erneut einen Reim auf die innere Lage des Bruno Z. machen musste, beschrieb Zemmer, dass er die Anerkennung seiner Eltern nur einmal erfahren hatte – als er nach Verbüßen seiner ersten Haftstrafe aus dem Gefängnis entlassen wurde. Damals hätten ihn Stiefvater und Mutter abgeholt, und er habe sich männlich gefühlt. Er ließ seine Erlebnisse im Elternhaus an seinen Opfern aus, meinten drei Jahrzehnte später die Therapeuten. Zemmer bekundete dagegen, dass er die Anregungen für seine sadistischen Sexualfantasien im Internet gefunden hätte. Er wäre dieser Bilderflut verfallen. Tatsächlich entdeckte die Polizei Tausende von Internet-Bildern bei dem zweifach geschiedenen Mann und zweifachen Vater.

„Ich brauche Grenzen", stellte er fest, als er sich im Februar 2012 vor Gericht für die Geiselnahme der beiden jungen Frauen verantworten musste. Ob er Reue verspürte oder Selbstmitleid, es war kaum zu sagen, als er im Gerichtssaal ankündigte, er werde wieder zuschlagen, wenn sich die Gelegenheit bieten würde. Seine Taten würden noch grausamer werden.

Wie sollen die Sicherheits- und Strafverfolgungsbehörden mit einem Sexualstraftäter wie ihm umgehen? Ihn therapieren ist die Antwort, die Gesellschaft und Gesetzgeber bereithalten. Bereits nach dem brutalen Überfall auf seine Nachbarin wurde Bruno Z. zu fünfeinhalb Jahren Haftstrafe verurteilt, im Jahr 2001 erhielt er wegen eines erneuten Sexualdelikts wieder fünf Jahre Freiheitsstrafe. Damals wurde er in der Psychiatrie untergebracht. Erst acht Jahre später, im November 2009, kam er frei. Doch er hatte die Auflage, sich weiter therapieren zu lassen, sich regelmäßig zu melden.

Nichts davon hielt er ein. Im Juli 2010 riefen Verwandte von ihm bei der Polizei an. Sie schilderten, dass Bruno Zemmer seine Therapiestunden schwänzen würde. Doch es passierte: nichts. Niemand kann vom Fleck weg verhaftet werden, weil er Bewährungsauflagen nicht erfüllt. Dass Zemmer zu diesem Zeitpunkt bereits mehrere Autos aufgebrochen hatte und nach weiblichen Opfern suchte, ahnte niemand. Und doch hätte das neuerliche Leid, das er anrichtete, verhindert werden können.

Er hatte sich vorgenommen, eine Frau zu kidnappen und sie zu quälen. Am 12. Oktober 2010 lauerte er um 17.15 Uhr in seinem silberfarbenen Ford Mondeo auf dem Parkplatz an der U-Bahnhaltestelle Langwasser-Süd auf sein Opfer. Von seinem Kombi aus hatte er die junge Frau schon Tage vorher beobachtet. Er sah ihr zu, wie sie morgens mit ihrem Auto kam, parkte und in die U-Bahn stieg. Und als sie am Nachmittag den U-Bahnhof verließ und mit dem Auto heimfuhr, folgte er ihr bis zu ihrer Wohnung nach Pyrbaum, einem Ort im Oberpfälzer Landkreis Neumarkt.

Doch an jenem 12. Oktober blieb sie weg. Mehr als ein Jahr später – er saß als Angeklagter vor dem Landgericht Nürnberg-Fürth – stellte Bruno Zemmer fest: „Sie hatte Glück. Ich habe gewartet. Sie kam nicht. Aber die andere." Dabei war er so distanziert, als hätte er diese Taten nur beobachtet, nicht selbst begangen.

Es ist bis heute nicht zu fassen, welche Aussage in diesen wenigen Sätzen steckt: Das Schicksal, das durch einen Zufall eine Frau verschonte und grausam zwei anderen Opfern unermessliche Qualen zufügte. Gegen 17.15 Uhr richtete Bruno Zemmer eine Softairpistole Marke Walter P 99 auf eine damals 20 Jahre alte Frau. Er hatte ihr zugesehen, wie sie über den Parkplatz lief, sich in ihr Auto setzte. Er folgte ihr und riss die Fahrertür auf.

Um 19.30 Uhr brachte er sie zu dem Parkplatz zurück. Er hatte sie gedemütigt, ihr gedroht, sie zu töten. Er hatte sie gefesselt, in ein Waldstück im südlichen Nürnberger Stadtteil Altenfurt verschleppt, mit einem Ledergürtel geschlagen, sie wie einen Hund Gassi geführt und mehrfach missbraucht.

Danach wusste er, dass er nun sehr lange in eine Haftanstalt kommen würde. Doch bis dahin hatte er noch Zeit.

Die Frau hatte sich, schwer traumatisiert, bei der Polizei gemeldet. Ihren Peiniger – einen dicken Mann mit braunen Locken und Brille – erkannte sie auf einem Foto, das ihr von der Kriminalpolizei gezeigt worden war.

Bruno Zemmer war auf der Flucht. Die Polizei fahndete mit Hochdruck. Ein Foto von ihm wurde veröffentlicht und auch das Nummernschild seines silbernen Fords bekanntgegeben. Die Fahnder warnten die Bürgerinnen und Bürger davor, den Gesuchten bei einer zufälligen Begegnung direkt anzusprechen. Bruno Zemmer sei sehr gefährlich.

Am 15. Oktober, drei Tage nach der Vergewaltigung, bekam die Polizei einen Hinweis. Eine Zeugin hatte den Ford Mondeo in einem Waldweg am Ortsrand von Rummelsberg, nahe der örtlichen Klinik, entdeckt. Die Kripo, ein Sondereinsatzkommando, Beamte der umliegenden Inspektionen und der Bereitschaftspolizei suchten die Nachbarorte – Rummelsberg, Feucht und Ochenbruck – nach dem Flüchtigen ab. Ein Hubschrauber kreiste, Spürhunde wurden am silbernen Ford des Flüchtigen auf dessen Fährte gesetzt. Es gelang ihnen nicht, den Verdächtigen aufzustöbern.

Wie Zemmer seine Flucht fortgesetzt hatte, ob er als Anhalter weitergefahren war, den Zug oder einen Bus genommen hatte – die Polizei ermittelte in alle Richtungen. Am 18. Oktober, einem Montagnachmittag, durchkämmte eine Hundertschaft der Polizei mit Hilfe von Spürhunden den Wald rund um die Fundstelle des Autos erneut nach Spuren des Verbrechens. Die Beamten befragten Verwandte und Bekannte des Mannes, seine früheren Anlaufstellen wurden abgeklappert. Die Kripo nahm Bruno Z.s Bankkonto ins Visier, vielleicht würde er Geld abheben. Eine Hoffnung: Bruno Zemmer war auffallend dick – es müsste ihm eigentlich schwer fallen, unauffällig und spurlos zu verschwinden.

Doch noch während die Fahndung nach dem vorbestraften Straftäter, dessen Diagnose „Sexualstörung in Form eines Sadismus" lautete, auf Hochtouren lief, passte Bruno Zemmer eine damals 23-jährige Krankenschwester am Parkplatz vor dem Neumarkter Klinikum ab. Er zwang sie mit einer vorgehaltenen Waffe dazu, gemeinsam mit ihm in ihren Seat Leon zu steigen. 22 Stunden war sie in seiner Gewalt.

Bruno Zemmer hatte sich das Verbrechen gut überlegt. Aus einer ganzen Reihe von Autoaufbrüchen, vermutlich gehörte eines der Fahrzeuge einer Medizinerin, besaß er Betäubungsmittel und Spritzen. Er wollte nicht zurück in die Forensische Psychiatrie oder in ein Gefängnis, er wollte den Notausgang Suizid wählen. Und dabei sollte ihm eine Ärztin oder Krankenschwester assistieren. Vorher wollte er auch diese Frau missbrauchen. „Ich dachte, man könnte beides verbinden", kommentierte er.

Er kidnappte die Krankenschwester in ihrem eigenen Auto, an der Sparkassenfiliale in Pleinfeld (Landkreis Weißenburg-Gunzenhausen) ein kurzer Halt; die Frau musste von ihrem eigenen Konto 1000 Euro abheben. Die lange Fahrt führte Täter und Opfer bis nach Schleswig-Holstein. In Glücksburg – die Kleinstadt ist etwa 15 Minuten von Flensburg entfernt – täuschte die Frau einen Asthma-Anfall und Atemnot vor. Später beschrieb sie diesen Einfall als „plötzliche Eingebung". Unterwegs war sie von ihm missbraucht worden.

Sie konnte aus dem Auto flüchten, Passanten alarmierten den Rettungsdienst. Bruno Zemmer raste in dem Seat Leon davon. Er kam bis Thüringen, in Gotha wurde er festgenommen. Er hatte darauf gewartet. Doch sein neu gefasster Plan, die Polizisten zu provozieren, um von ihnen erschossen zu werden, scheiterte.

Mehr als ein Jahr später, in einem Gerichtssaal des Landgerichts Nürnberg-Fürth, blickte die junge Krankenschwester, eine bildhübsche Frau, ihrem Peiniger offen ins Gesicht. Er hielt seinen Blick gesenkt. Sie selbst hatte darum gebeten, in öffentlicher Verhandlung aussagen zu dürfen – sie nannte den Prozess eine wichtige Etappe, um mit dem Verbrechen irgendwann abschließen zu können. Stundenlang litt sie unter Todesangst, sie erklärte, dass sie auch das Autofahren wieder neu hatte lernen müssen, schließlich war ihr Wagen 22 Stunden lang zu ihrem Gefängnis geworden.

Ein härteres Urteil hätten die Richter damals nicht fällen können: 14 Jahre und sechs Monate Freiheitsstrafe verhängte das Gericht im Februar 2012.

Im Jahr 2026 wird Bruno Zemmer 65 Jahre alt, und selbst dann wird er nicht freikommen. Im Anschluss an die Haftstrafe wird er in einer besonders gesicherten Einrichtung untergebracht. Er wird unbefristet auf Verdacht weggesperrt werden, um die Gesellschaft vor ihm zu schützen.

Zeigen seine Verbrechen, dass es Täter gibt, die überhaupt nicht therapierbar sind? Stehen die Behandler von Sexualstraftätern vor einer unlösbaren Aufgabe? Therapeuten sind auf ehrliche Patienten angewiesen. Doch die Scham der Patienten, die gleichzeitig Straftäter sind, ist groß. Gleichzeitig befindet sich ein forensischer Gutachter in einer Doppelrolle. In seiner Prognose bemisst er die Gefährlichkeit des Patienten auch danach, ob dieser noch sexuelle Fantasien hegt und auch von ihnen berichtet. Er benötigt also das Vertrauen des Patienten, um ihn behandeln zu können, gleichzeitig überwacht und bewacht er ihn. Für das eine ist Vertrauen notwendig, durch das andere wird es zerstört. Ein Loyalitätskonflikt, der kaum aufzulösen ist.

Bruno Zemmer verhehlte seine Verachtung für Psychiatrie und Psychologie nicht. Er schilderte, er habe bei der Therapie „halt mitgespielt", weil er gewusst habe, was „die hören wollten".

Drei bis vier Tage vor den Überfällen, so schilderte er, habe er davon geträumt, wieder eine Frau zu schlagen. Zu diesem Zeitpunkt hatte er den Kontakt zu seinen Therapeuten und dem Bewährungshelfer abgebrochen. Er wusste, dass dies Warnsignale für die Staatsanwaltschaft sein würden. Tatsächlich setzte die Behörde am 11. Oktober 2010 den Haftbefehl für den unter Bewährung stehenden Mann wieder in Vollzug.

Doch da war es längst zu spät. Zemmer war untergetaucht, er campierte seit Tagen in seinem Ford Mondeo. Im Gerichtssaal rang er um eine Entschuldigung, doch ihm versagte die Stimme. Was gibt es auch zu sagen, wenn selbst seine Reue – sollte sie überhaupt ehrlich gewesen sein – nicht vor künftigen Straftaten schützt.

Herrscher
über Leben & Tod

**ER TÖTETE AUS LUST –
UM FRAUEN STERBEN ZU SEHEN.**
von Ulrike Löw

Das kennen wir: Ein Räuber erschießt einen Ladenbesitzer. Ein Mann erwürgt seine Geliebte, weil sie ihm damit gedroht hat, sich seiner Ehefrau zu offenbaren. Eine Frau vergiftet ihren Ehemann, um mit ihrem Liebhaber ein neues Leben zu beginnen. Ein Mann erschießt seine Ehefrau, die ihn verlassen will und tötet anschließend auch die Kinder und sich selbst, weil er keinen anderen Ausweg sieht.

Die meisten Menschen, die zu Mördern werden, haben mit Problemen zu kämpfen. Sie sind Menschen wie wir, ihre Motive sind uns bekannt und vertraut – auch wenn uns freilich das Verständnis fehlt.

Doch das kennen wir nicht: Fabian Neubrunner, 22 Jahre alt, erdrosselt zwei Prostituierte, weil er ihren Todeskampf sehen will. Er will erleben, wie es sich anfühlt, wenn man einen Menschen umbringt.

Er hat aus Mordlust getötet, so stellt es das Landgericht Nürnberg-Fürth fest. Ein Gewaltexzess, der uns ängstigt und verstört. Die Verbrechen aus reiner Mordlust liegen an der Grenze des Nachvollziehbaren und jenseits des Erträglichen. Wer ist dieser Mann? Ist seine Seele kalt wie Eis?

Schon als kleiner Bub war Fabian zwar recht intelligent, doch faul, so erinnerte sich ein Onkel. Fabian sei von seinen Eltern verwöhnt worden. Bekam er etwas nicht, wurde er böse. Später, als Koch-Azubi, erteilte er gerne Anweisungen – und wollte lieber mit einem Fünf-Gang-Menü prahlen als fünf Kilo Kartoffeln schälen. Fabian war ein Angeber, der sich ungern anstrengte, doch sein wahres Talent kannte: Er konnte andere manipulieren.

Er war 22 Jahre, als er seinen persönlichen Absturz erlebte: Seine Lehre als Koch hatte er abgebrochen, und auch die weitere Ausbildung, die ihm eine wohlmeinende Tante besorgt hatte, hatte er hingeworfen. Seine Eltern waren verzweifelt und genervt. Fabian hielt sich einfach nicht an Regeln. Er war ständig unpünktlich, mit Geld konnte er nicht umgehen, am Morgen kam er kaum aus dem Bett.

Als Fabian seine Mutter bestahl und beleidigte, dazu seinem Stiefvater mit einem Messer drohte und sich wegen einer Schlägerei zwei Wochen Jugendarrest einbrockte, flog er zu Hause raus.

Über sein Leben hätte es eigentlich nichts zu erzählen gegeben. Wären da nicht Yenna und Miyoko. Am 24. Mai 2017 strangulierte er die Prostituierte Yenna (22) mit einem Paar Schnürsenkel. Am 5. Juni 2017 drosselte er Miyoko (44) mit einem Handykabel und legte einen Brand.

„Himmel" war an der Klingel des Apartments 33 im 6. Stock eines Mehrfamilienhauses in der Regensburger Straße im Süden Nürnbergs zu lesen. Doch die Situation hinter der Tür war an jenem 24. Mai 2017 als „Hölle" trefflicher beschrieben: Qualm drang aus der Wohnung, Polizisten und Feuerwehrleute – alarmiert von ängstlichen Nachbarn – rückten an. Erste Trupps eilten im Treppenhaus nach oben, die Einsatzkräfte brachen die Tür auf, begannen zu löschen und machten einen grausigen Fund: eine Frauenleiche.

Der Brand und die Löscharbeiten erschwerten die Arbeit der Spurensicherung. Doch Akribie ist zwingend. Die Ermittler suchten und sicherten Hinweise in der Wohnung und in der näheren Umgebung des Mehrfamilienhauses.

Bereits am nächsten Tag erhärtete sich der Verdacht: Hier war kein Feuer, etwa aufgrund eines technischen Defekts, einfach ausgebrochen. Dieses Feuer war gezielt gelegt worden. Die Obduktion der toten Frau wurde angeordnet – an ihrem Hals fanden sich Strangulationsmale.

Die Nürnberger Polizei gründete eine Sonderkommission. 20 Beamte arbeiteten nun in der Soko „Himmel", um den gewaltsamen Tod der Frau, sie hatte als Prostituierte gearbeitet, aufzuklären. Auch operative Fallanalytiker, besser bekannt als „Profiler", wurden angefordert.

Keine zwei Wochen später musste die Soko „Himmel" das nächste Verbrechen übernehmen. Am 5. Juni klebte ein Polizist ein Siegel auf das Zylinderschloss einer Wohnungstüre in der Höfener Straße.

Im 3. Stock des Mehrfamilienhauses war wieder eine Prostituierte einer Gewalttat zum Opfer gefallen. Diesmal lag der Tatort am anderen Ende der Stadt, im Nordwesten. Auch hier war der Fußboden im Hausflur verrußt, wieder roch es verbrannt. Die Obduktionsergebnisse zeigten: Auch diese Frau wurde gedrosselt. Am Ende war sie in dem Qualm erstickt. Der schreckliche Verdacht: ein Serientäter? Niemand konnte sagen, ob irgendwo ein Mensch mit dunkler Fantasie bereits das dritte Verbrechen plante.

Die Kripo führte beide Ermittlungen zusammen, zehn weitere Beamte wurden der Soko „Himmel" zugewiesen. Die Polizei plakatierte Fahndungsaufrufe, dazu gingen einzelne Beamte gezielt auf Prostituierte in Nürnberg, Fürth und Erlangen zu. Sie warnten die Frauen, die häufig nicht deutsch sprachen.

Bei Gewaltverbrechen im Rotlichtmilieu sind die polizeilichen Ermittlungen schwierig. Die meisten Fälle, die sich seit 1979 in Nürnberg, Regensburg und Hof ereignet haben, sind ungeklärt und rätselhaft geblieben. Bei mehreren Morden an Prostituierten in Bayern kennt die Polizei bis heute, Jahrzehnte nach den Taten, die Täter noch immer nicht.

Yenna und Miyoko lebten, als sie getötet wurden, erst seit wenigen Wochen in Nürnberg. Yenna kam aus Rumänien, wie Miyoko arbeitete sie unter Pseudonym. Miyoko, die sich in einer Annonce als „japanische Bombe mit dem besonderen Service, 23 Jahre" beschrieb, stammte tatsächlich aus China und hatte in Oberbayern einen Ehemann und zwei Kinder. Sie war 44 Jahre alt, als sie tot in dem Ein-Zimmer-Apartment lag.

Modellwohnungen wie diese werden von Prostituierten meist nur für kurze Zeit gemietet. Die Betreiber der Wohnungen wollen ihren Kunden regelmäßig neue Gesichter bieten und so ist es in dem Gewerbe üblich, europaweit herumzureisen und sich nur für kurze Zeit in einer Stadt aufzuhalten.

Auch dies erschwert die Arbeit der Ermittler: Oft kennen die Opfer niemanden in der Stadt – spielt sich doch ihr Geschäft in der Anonymität ab. Und die Aussagebereitschaft im Rotlichtmilieu ist nicht die beste. Überwachungsmaßnahmen wären in diesem Milieu zwar wünschenswert, doch realistisch ist es für die Frauen nicht, in einem Gebäude mit mehreren Überwachungskameras zu arbeiten. Die Freier würden abgeschreckt.

So setzen die Ermittler auf DNA-Reste als genetischen Fingerabdruck und digitale Datenbruchstücke, etwa Verbindungsinformationen von Handys. Und sie hoffen, dass Phantombilder und Berichte bei Fernsehsendungen wie „Aktenzeichen XY ... ungelöst" eine heiße Spur liefern.

Dass Fabian Neubrunner Huren aufsuchte, ahnte keiner seiner Verwandten und Bekannten. Er teilte sich zu diesem Zeitpunkt als Hartz-IV-Empfänger mit drei anderen Männern ein 20 Quadratmeter großes Zimmer in einer Sozialpension an der Stadtgrenze Nürnberg-Fürth. Einige seiner Verwandten steckten ihm hin und wieder Geld zu. Er hatte keine Wohnung, keinen Job und kein Geld. Tiefer kann ein 22-Jähriger nicht sinken.

Ein Onkel von ihm wird ein Jahr nach den Morden im Gerichtssaal als Zeuge erzählen, dass er es schon als irrsinnig genug empfand, dass sich der mittellose Neffe im Frühjahr 2017 einen teuren Anzug gekauft hatte.

Eine gescheiterte Existenz, der langweilige Typ in der realen Welt, so wollte Fabian Neubrunner nicht sein. Er flüchtete sich in eine Fantasiewelt – beim Computerspiel „World of Warcraft" erzielte er Bestmarken. Er nannte sich selbst einen der besten Spieler Deutschlands und hatte sich, zumindest in seiner Vorstellung, weit entfernt von dem straffällig gewordenen Heranwachsenden, der in einem Obdachlosenheim hauste, unzufrieden war und keinen zum Reden hatte.

Er konsumierte, dies belegte später die Auswertung seines Rechners, Pornos und so genannte Snuff-Videos. Reine Gewaltfilme, in denen Menschen – es handelt sich um Schauspieler – vor laufender Kamera gequält und getötet werden. Der Verlauf der von ihm angesteuerten Internetseiten hatte gezeigt, dass er immer wieder nach Begriffen wie „Folter, Gewalt, Tod und Kehlschnitt" suchte. Ihm kam es darauf an, Menschen sterben zu sehen. Später bestätigte Fabian Neubrunner den Ermittlern, dass seine Opfer in der Realität genauso ausgesehen hätten. Und im Gerichtssaal erinnerte sich eine seiner Verflossenen als Zeugin daran, dass er ihr einmal nach dem Sex an den Hals gegriffen hatte.

Die Soko „Himmel" schöpfte alle rechtlichen Möglichkeiten aus: Die Ermittler werteten jede Aufnahme und jedes Video der Überwachungskameras in der Umgebung aus, Telefondaten wurden abgeglichen. Endlich ein Treffer: Auf dem Handy der getöteten Miyoko war Fabian Neubrunner als einer der letzten Anrufer gespeichert. Und seine Telefonnummer hatte sich auch in den Funkmast in der Nähe des ersten Tatorts, der Regensburger Straße, eingewählt. Neubrunner war nun ins Visier der Kripo geraten.

Beamte des Mobilen Einsatzkommandos der Polizei folgten ihm einige Tage auf Schritt und Tritt. Als sie fürchteten, dass er eventuell erneut ins Rotlichtmilieu wollte, nahmen sie ihn fest. Er war gerade auf dem Weg zu einem Laden für Computerspiele, Widerstand leistete er nicht. Dass er an beiden Tatorten war, gab er sofort zu. Wie sollte er dies auch leugnen, er hatte beide Frauen zu ungeschütztem Geschlechtsverkehr gebracht, seine DNA-Spuren konnte er nicht wegdiskutieren.

Wie die Polizei einem Verdächtigen wie ihm ein Geständnis entlockt, war am 22. Mai 2018, knapp ein Jahr nach den Taten, im Schwurgerichtssaal des Landgerichts Nürnberg-Fürth auf einer Leinwand hautnah mitzuerleben. Die Vernehmung wurde als Video präsentiert, zwei Beamte der Kripo hatten mit Fabian Neubrunner gesprochen. Nach sechs Stunden knickte er ein.

Zu sehen und zu hören war ein junger Mann, offenkundig von sich selbst so sehr überzeugt, dass er glaubte, kaltblütig jeder Falle ausweichen zu können, die ihm die beiden Polizisten stellten.

Er wurde auf sein Recht, sich einen Anwalt zu nehmen, aufmerksam gemacht. Vermutlich im Glauben, sich durch Kooperation besonders unverdächtig zu machen, lehnte er ab. Die Kriminaler dürfte dies (heimlich, ihren Mienen ist im Video nichts anzusehen) gefreut haben, sprudelte der junge Mann doch nahtlos weiter wie ein Wasserfall.

Als die Vernehmung gezeigt wurde, saß Fabian Neubrunner als Angeklagter im Gerichtssaal, auch er blickte auf die Leinwand. Zu diesem Zeitpunkt war er fast ein Jahr in U-Haft und ihm war anzusehen, dass er inzwischen etwas begriffen hatte: Er hatte die Ermittler und deren so harmlos wirkende Fragen unterschätzt.

Er war bleich. Sein Strafverteidiger hatte ihm sicher gesagt, was er zu erwarten hatte. Für Mord sieht das Strafgesetzbuch nur eine Strafe vor: lebenslang. In Bayern bedeutet dies fast 22 Jahre hinter Gittern, wird die besondere Schwere der Schuld festgestellt, sind es 23 bis 25 Jahre.

Was man mit dem Täter, der die Huren umbrachte, denn machen solle, fragten die Ermittler im Video. „Genau das Gleiche", urteilte Neubrunner. Gleich ergänzte er, der keinerlei Einfühlungsvermögen im Gespräch mit den Polizisten zeigte, dass er selbst kein Blut sehen könne, nicht einmal ein Praktikum in einer Metzgerei habe er ertragen.

Er plauderte über die abgebrochene Koch-Lehre, den Streit mit seinen Eltern, die Obdachlosigkeit. Er betonte, dass nun alles besser sei. Er war mit dem Vater im Kino, zu Pfingsten habe er auch seinen Opa besucht. Er sprach, als gehöre sein Absturz zu den üblichen Biografien von Jugendlichen. Er schilderte ein Leben, das nur kurz aus der Spur geraten war und als sei diese Vernehmung nun der einzige Bremsklotz zurück auf den rechten Weg.

Er nannte viele Adressen von Prostituierten, er lachte über seine eigenen Witze und wirkte, als wäre er der Erste, der Polizeibeamte in die Geheimnisse des Rotlichtmilieus einweihte.

Beinahe väterlich nickten ihm die Ermittler zu, brachten ihn gar dazu, zu erläutern, wie er die Morde denn begehen würde, wäre er der Täter. Und Fabian Neubrunner („Ich verstehe ja, dass ich verdächtig wirke") redete sich um Kopf und Kragen. Die Polizisten hörten zu, klopften jedes Detail nach Widersprüchen ab, fragten immer wieder nach. Und während Neubrunner sie für begriffsstutzig gehalten haben musste, drehten sie in aller Stille am Strick.

Er gab Details der Vorfälle preis, die nur der Täter wissen konnte. Etwa, dass die Handgelenke des ersten Opfers am Rücken mit Mullbinden zusammengebunden waren und die Chinesin mit ihrem eigenen Slip gefesselt worden war. Am Ende schluchzte er und gab die Morde zu.

Noch behauptete er, dass ein Streit um die Bezahlung mit den Frauen nach dem Sex eskaliert war. Zweimal Streit um den Lohn, zweimal eine gefesselte und erdrosselte Prostituierte in einer ausgebrannten Wohnung? Die Ermittler trauten seinen Angaben nicht.

Ihr Gefühl irrte nicht. Der Psychiater, Psychologe und Chefarzt der Forensischen Psychiatrie Erlangen, Michael Wörthmüller, besuchte Neubrunner mehrfach in der U-Haft. Ihm sitzen seit Jahrzehnten Vergewaltiger, Bankräuber und Mörder gegenüber.

Als Gerichtsgutachter blickt der Mediziner tief in menschliche Seelen. Und während der Ehrgeiz der Kriminalpolizei darauf zielt, den Täter zum Geständnis zu führen, interessiert sich der Psychiater für die Motive des Beschuldigten. Wo sich der Laie über „gestörte Täter" empört, fängt seine Arbeit an.

Er spricht mit den Betroffenen, doch die ärztliche Schweigepflicht gilt für ihn nicht. Im Gegenteil: Es ist sein Auftrag, im Gerichtssaal zu berichten, wie der Angeklagte denkt und fühlt. Ob er sich zum Tatzeitpunkt in seinem Handeln steuern konnte, wie gefährlich er ist und wie gefährlich er auch in der Zukunft sein wird. Er ist kein „Richter in Weiß", doch von seinem Gutachten hängt es ab, ob ein Gericht einen Menschen in eine Psychiatrie einweist oder zu einer Gefängnisstrafe verurteilt.

Freimütig schilderte ihm Neubrunner, dass er Yenna schon im Vorfeld belogen habe. Er hatte der Prostituierten vorgemacht, die ganze Nacht bleiben zu wollen, nur um ihr letzter Kunde zu sein. Doch schon mit dem ersten Schritt, den er in ihr Apartment setzte, enttäuschte er die Frau.

Für eine halbe Stunde wollte er 50 Euro bezahlen, er kaufe doch nicht „die Katze im Sack". Und natürlich wusste er genau, dass sie sich auf die Situation einlassen musste. Er hatte es ja so gedreht, dass er ihr einziger Freier war.

Neubrunner interessierte sich nur für seine eigenen Bedürfnisse, Mitgefühl kannte er nicht. Es kam zum Streit, Yenna ohrfeigte ihn. Neubrunner: „Das hat das Fass zum Überlaufen gebracht." Der Psychiater: „Was war in dem Fass denn schon drin?"

Neubrunner klagte bei dem Mediziner, dass er seit langem niemanden zum Reden hatte. Er sei unzufrieden gewesen und wütend. Er habe die Frau am Hals gepackt, sie gewürgt und ihr den Mund zugehalten, bis sie ihn in den Finger biss. Er fesselte ihre Arme mit mitgebrachten Mullbinden auf ihrem Rücken und strangulierte sie mit ihren eigenen Schnürsenkeln. „Ich habe mich wie Gott gefühlt – oder eher wie der Tod", so zitierte der Mediziner den Täter. Neubrunner sah zu, wie Yennas Körper zuckte und zappelte, er hörte, wie sie röchelte und beobachtete ihren Todeskampf, bis der Glanz in ihren Augen erlosch. Er fühlte, wie ihre Glieder erschlafften.

In der Hauptverhandlung äußerte er sich nicht mehr über die Umstände der Tat. Interesse zeigte er nur, als die Obduktionsbilder betrachtet wurden, auch zu seinem Motiv sagte er kein Wort. Hatte er getötet, um seinen Geschlechtstrieb zu befriedigen? Hatte er heimtückisch und aus Habgier gehandelt? Hatte er Yenna und Miyoko vergewaltigt und den ungeschützten Geschlechtsverkehr, den sie ihren Freiern üblicherweise verweigerten, erzwungen? Hatte er die Frauen erst getötet und ihnen anschließend noch das Bargeld und ein Handy gestohlen?

Fabian Neubrunner ist eine schizoide Persönlichkeit – mit Schizophrenie hat dies nichts zu tun. Gespalten sind sein Denken und Fühlen, er kann nur sehr schwer Zugang zu seinen Gefühlen finden. Schizoide Persönlichkeiten sind emotional wenig beteiligt, verantwortungslos, Regeln scheren sie kaum, ihren Lebensstil pflegen sie häufig zulasten Dritter.

Er leidet weder an einem Hirnschaden noch an einer Psychose, ihn plagen keine Wahnvorstellungen, doch als schizoide Persönlichkeit hat er einen kühlen, distanzierten Charakter, Menschen wie ihm fehlt es an Gespür für andere Menschen, nur wenige Dinge bereiten ihm Freude. Er hat die psychopathischen Anteile seiner Persönlichkeit lange überspielt. Rückblickend ist vor allem auffällig, wie unauffällig er gelebt hat. So stellte er sich nach dem Mord an Yenna gut gelaunt in einer Wohngemeinschaft vor. Sein

Humor ist dort in Erinnerung geblieben. Nach dem Verbrechen an Miyoko kaufte er Comic-Figuren in einem Elektro-Markt.

Die schizoide Persönlichkeit des Fabian Neubrunner, er leidet wohl auch unter einer sexuell-sadistischen Störung, schränkt seine Schuldfähigkeit nicht ein. Doch eine Freiheitsstrafe im Gefängnis allein macht aus ihm keinen Menschen, der anderen nicht mehr gefährlich werden kann.

„Verstanden", sagte er nach eineinhalb Stunden Urteilsbegründung in das Mikrofon. Er sprach ganz sachlich, als ginge es um das Verständnis für eine Rechenaufgabe. Die Richter der Schwurgerichtskammer, getagt wurde mit drei Berufsrichtern und zwei Schöffen, waren nach mehreren Wochen Verhandlung davon überzeugt, dass Neubrunner aus Mordlust getötet hatte. Er ist voll schuldfähig und man kann nur spekulieren, wie lange er hinter Gittern bleiben wird. Seinen Entlassungstermin kennt er selbst nicht, er muss auf unbefristete Zeit im Gefängnis und anschließend in einer besonderen Einrichtung leben.

Er hat zwei Frauen umgebracht, um ihnen beim Sterben zuzusehen. Ob er beide vorher zum ungeschützten Geschlechtsverkehr gezwungen und vergewaltigt hat, hat die Beweisaufnahme nicht klären können. Offen ist auch, ob er die Frauen, nachdem er sie ermordet hatte, noch bestohlen hat.

Für Mord gibt es nur eine Strafe: lebenslang. Dazu haben die Richter die Sicherungsverwahrung verhängt. Das heißt, dass Fabian Neubrunner, auch wenn er seine Strafe abgesessen hat, erst in Freiheit kommen kann, wenn ihm mehrere Gutachter attestieren, dass er nicht mehr gemeingefährlich ist.

Anders als eine Haftstrafe steht die Sicherungsverwahrung in keinem direkten Zusammenhang mit der Schuld des Täters. Sie dient dazu, die Gesellschaft vor Menschen wie ihm zu schützen. Neubrunners junges Alter und der bereits entwickelte Sadismus legen nahe, dass er äußerst gefährlich ist.

Wie gefährlich, sollte sich bereits kurz nach seiner Verurteilung zeigen. Es war ein ganz normaler Donnerstag im Juli 2018, als Fabian Neubrunner im Dienstzimmer einer Psychologin saß, der jüngsten Mitarbeiterin im Team der Gefängnis-Psychologen der Nürnberger Justizvollzugsanstalt. „Mein Großvater ist gestorben", sagte er. Er bat um seelischen Beistand.

Es war gerade drei Wochen her, dass die Schwurgerichtskammer ihr Urteil gesprochen hatte. Und nun wollte er angeblich Hilfe von der Psychologin und log sie doch nur an. Es war nicht sein erster Besuch bei ihr. Immer wieder, so ist es in der Haftanstalt dokumentiert, ging Neubrunner in diesen Wochen nach seiner Verurteilung zu der Psychologin. „Er hat keine Probleme gemacht, die drohende Gefahr konnte keiner ahnen", sagte Sascha Rath, Vize-Chef im Gefängnis, später.

Das Ziel ist für jeden, der im Gefängnis arbeitet, hochgesteckt. Sie alle treffen Menschen, mit denen nicht jeder unbedingt etwas zu tun haben will. Sie sollen, und die meisten wollen dies auch, Menschen resozialisieren, die nie sozialisiert waren. Die Ärzte sehen die Gefangenen als Patienten, die Seelsorger begleiten die Menschen, doch sitzen nicht stellvertretend ihre Strafe ab. Und auch die Psychologin wollte Fabian Neubrunner helfen.

Hinter Gittern gilt es immer, die Balance zu finden zwischen menschenwürdigen Bedingungen und notwendigen Sicherheitsmaßnahmen. Manchmal werden Gefangene selbst vom Kirchgang ausgeschlossen – etwa, weil sie den Gottesdienst als erweiterten Hofgang missverstanden oder zum Tauschen von Tabak ausgenutzt haben.

An diesem 12. Juli 2018, als die Psychologin Fabian Neubrunner durch die Flure zurück zu seiner Zelle eskortierte, blieb alles ruhig. Vor Neubrunners Zelle wartete ein Vollzugsbeamter. Heute steht fest: Es war nur seiner zufälligen Anwesenheit zu verdanken, dass Neubrunner die Psychologin nicht in seine Zelle zerrte. Im Haftraum hatte er bereits Matratzen vor die Fenster gestellt und den Blick versperrt. Was er mit der Geisel vorhatte? Neubrunners Mitgefangener wollte kein Risiko eingehen. Er packte aus, Vollzugsmitarbeiter durchsuchten die Zelle und entdeckten verknotete Gummis aus dem Hosenbund von Jogginghosen. Eine Schlinge?

Der Zellengenosse schilderte Neubrunners erste Idee, die Gefängnis-Pfarrerin zu entführen. Doch sie war immer in Begleitung unterwegs. Da fiel seine Wahl auf die Psychologin. Als der erste Versuch, die Frau in die Zelle zu ziehen, fehlgeschlagen war, habe er gleich einen zweiten Anlauf geplant. „Scheiße, dann eben das nächste Mal", lautete sein Kommentar. In zwei Tagen würde er mit der Psychologin über seine Kriminalprognose sprechen.

Die Vollzugsmitarbeiter entdeckten in der Zelle auch ein Fantasieschreiben Neubrunners, in dem er fabulierte, wie er Frauen quälen könnte. Und sie fanden, notiert auf einem weiteren Blatt Papier, einen Forderungskatalog. Von Fluchtgedanken konnte keine Rede sein: Fabian Neubrunner schwebte ein ständig gut gefüllter Kühlschrank vor. Statt Hofgang wollte er künftig unbegrenzten Zugriff auf das Internet und 600 Euro Guthaben für „World of Warcraft".

Die Forderungen wirkten beinahe komisch, kämen sie nicht von einem Doppelmörder, dessen Kriminalprognose klar festgestellt hatte, dass er wahrscheinlich wieder töten würde.

Sechs Tage nach dem Vorfall wurde er nach Straubing verlegt. Die dortige Justizvollzugsanstalt gleicht einem Hochsicherheitstrakt, hier verbüßen Schwerverbrecher ihre Strafen. Die rasche Verlegung sollte allen – den Mitarbeitern und den Gefangenen im Gefängnis – zeigen, wie ernst der Vorfall genommen wurde. Die Psychologin schrieb ihre Kündigung.

Neubrunner landete erneut vor dem Landgericht Nürnberg-Fürth, er wurde zu vier Jahren und neun Monaten Freiheitsstrafe wegen erpresserischen Menschenraubs verurteilt.

Sollte er geglaubt haben, dass seine lebenslange Haft plus Sicherungsverwahrung für ihn eine Art Freibrief für weitere Straftaten bedeutete, dass ihm nichts mehr blühen könnte, hatte er sich geirrt. Seine Entlassung ist in noch weitere Ferne gerückt.

Es hätte jede treffen können

DER MESSERSTECHER VON ST. JOHANNIS.
von Ulrike Löw

Man soll nicht oft von einem Albtraum sprechen. Aber für viele im Nürnberger Norden waren einige Tage im Dezember 2018 genau das.

Am 13. Dezember 2018, einem Donnerstagabend, zog ein Mann durch die Straßen, innerhalb von kurzer Zeit stieß er drei Frauen ein Messer in den Körper. Um 19.20 Uhr griff er eine Arzthelferin (56) am Kirchenweg an. Sie war auf dem Weg zu einer Bushaltestelle. Gegen 22.40 Uhr stach er eine Apothekerin (26) kurz vor ihrer eigenen Haustür nieder und um 22.45 Uhr rammte er in der Burgschmietstraße einer Diakonin (34) das Messer in den Bauch.

Es war der Stoff, aus dem der „Tatort" gemacht wird. Der Fremde wollte kein Geld, es gab keine sexuelle Näherung, keine Vorgeschichte und keinen Streit – niemand ahnte, was den Täter und die drei Frauen verband. Auf den Straßen, in den Geschäften und den Cafés gab es am nächsten Tag nur ein Thema: Wer ist dieser Mann? Sein erstes Opfer, die Arzthelferin, beschrieb ihn als etwa 1,80 Meter groß. Ein Mann mit einer normalen Figur, dunkelblonden Haaren und heller Haut. Keine auffällige Erscheinung.

Mitten im Advent, in der Zeit, in der sich viele nach Frieden sehnten, waren plötzlich die Bluttaten das herrschende Thema. Im Stadtteil standen die Türen der Friedenskirche offen, vier Pfarrerinnen und Pfarrer, Seelsorger und Kirchenvorstände hatten ein offenes Ohr für die besorgten Bürger. Ältere Menschen kamen, aber auch Familien mit Kindern. Einige zündeten Kerzen für die verletzten Frauen an, viele suchten nach Antworten, hatten aber nur Fragen: Was trieb den Täter an? Hatte es die Stadt mit einem Terroristen zu tun oder war der Mann psychisch krank? Hasste er Frauen?

In der Tatnacht kreiste stundenlang ein Polizeihubschrauber über dem Stadtteil. Die Polizei hoffte auf Hinweise zu dem Verdächtigen und zu der Waffe. Welche Waffe sticht durch dicke Winterkleidung und richtet so verheerende Verletzungen nahe Herz und Lunge an? Die Kripo wollte zu diesem Zeitpunkt noch nicht einmal bestätigen, dass es sich um ein Messer handelte.

Nur wenige Stunden später, am Freitag um 9. 49 Uhr, fiel zwei aufmerksamen Streifenpolizisten der Polizeiinspektion Nürnberg-West ein Mann als verdächtig auf. Er lief die Schnieglinger Straße entlang, nicht sehr weit von den Tatorten entfernt. Die Beamten glaubten, Blutspuren an seiner Jacke zu erkennen. Sie kontrollierten ihn und entdeckten dabei ein Messer mit einer Klingenlänge von 14 Zentimetern. Es war blutverschmiert. Der Mann wurde in Gewahrsam genommen. Später stellten die Beamten fest: Dieser Verdächtige, Dieter Wolfsmandel, 38 Jahre alt, war nur wenige Stunden vor den Attentaten bereits ins Visier ihrer Kollegen geraten. Er hatte versucht, in einem Geschäft am Plärrer ein Käsemesser (Wert: 4,88 Euro) zu stehlen und war dabei erwischt worden.

Eine so schnelle Festnahme, nach einer so vagen Täterbeschreibung, und dies in einer Stadt mit 530. 000 Einwohnern? Es glich einem Vorweihnachtswunder – doch daran wagten die Ermittler noch nicht so recht zu glauben. Hatten sie wirklich den richtigen Mann gefunden?

Das blutverschmierte Messer wurde ins Institut für Rechtsmedizin an der Universität Erlangen-Nürnberg geschickt. Sollten die Biologen und Mediziner bestätigen, dass die Blutspuren mit der DNA der geschädigten Frauen übereinstimmten, der Verdacht gegen Dieter Wolfsmandel wäre nur schwer zu erschüttern.

Im Labor in Erlangen liefen die Blutanalysen an, in Nürnberg schwiegen die Ermittler über ihren mutmaßlichen Erfolg und hielten den Druck aufrecht. Mehr als 200 Hinweise gingen an jenem Wochenende bei der Polizei ein. Am Freitag und am Samstag streiften Beamte der Bereitschaftspolizei mit Spürhunden durch den als friedlich und sicher geltenden Stadtteil. Sie suchten nach der Tatwaffe, stocherten mit Stöcken im Boden der Grünanlagen. Selbst den Johannisfriedhof durchkämmten die Einsatzkräfte, auch zwischen den Gräbern entging kein Quadratzentimeter ihren Blicken. Die Beamten zeigten Präsenz im Stadtteil, auch um der Bevölkerung Sicherheit zu vermitteln.

Am Samstagabend war der Albtraum zu Ende. Das rechtsmedizinische Labor bestätigte: Die Spuren an dem blutverschmierten Messer passten zu der DNA der dritten Geschädigten. Wolfsmandel hatte sie besonders schwer verletzt; stundenlang kämpften die Ärzte in einer Notoperation um ihr Leben. Am Sonntagmittag trat Polizeipräsident Roman Fertinger persönlich vor die Presse.

„Wir können klar Entwarnung geben", stellte der Polizeipräsident fest, Oberstaatsanwältin Antje Gabriels-Gorsolke sagte, dass der Verdächtige mit 18 Vorstrafen alles andere als ein unbeschriebenes Blatt sei: „Er hat einen regelrechten Spaziergang durch das Strafgesetzbuch hinter sich." Innenminister Joachim Herrmann (CSU) gratulierte zur „hochprofessionellen Arbeit". Vor allem den beiden Streifenpolizisten.

Doch nicht alle atmeten auf: In den sozialen Netzwerken, auf Facebook und auch in den Kommentarspalten des Verlags Nürnberger Presse hagelte es heftige Kritik. Warum hatte die Polizei diesen Verdächtigen nach dem Ladendiebstahl überhaupt wieder laufen lassen? Immerhin hat der Mann doch 18 Vorstrafen! Die Bluttaten hätten verhindert werden können! Und auch in der Tatnacht selbst habe die Polizei viel zu spät über die Gewaltserie informiert – wieso wurden nicht schon am späten Donnerstagabend über Twitter Warnungen abgesetzt? Und warum teilten die Fahnder ihren Erfolg nicht bereits am Freitag mit? Im Stadtteil St. Johannis herrschte helle Aufregung. Wäre es nicht die Pflicht der Polizei gewesen, die Bevölkerung viel früher zu informieren und wieder zu beruhigen?

Wer erfolgreich fahnden, ermitteln, anklagen und verurteilen will, benötigt sehr viel mehr Zeit als es das Tippen eines Facebook-Kommentars erfordert. Als Dieter Wolfsmandel am Freitag bei seinem missglückten Käsemesser-Diebstahl erwischt wurde, forderte kein Beamter einen Auszug aus dem Bundeszentralregister an – dies wäre bei diesem kleinen Delikt völlig unverhältnismäßig gewesen. Schon deshalb kam eine Festnahme überhaupt nicht in Betracht.

Als am Donnerstagabend die erste Frau verletzt wurde und der Täter flüchtete, ahnte niemand, dass es weitere Opfer geben werde. Der Täter verletzte die Frauen innerhalb kurzer Zeit –- dass es sich um eine Serie handelte, war zu diesem Zeitpunkt überhaupt nicht klar. Und hätten Twitter-Meldungen der Polizei nicht rasch zu einer Gerüchteflut im Internet und zu noch mehr Verängstigung weit über die Grenzen des Stadtteils hinaus geführt?

Marianne Frank hätte es nicht geholfen. Die damals 34-jährige Frau traf sich an jenem Donnerstagabend mit der Tagesmutter ihres kleinen Sohnes in einem griechischen Restaurant. Dort ließ sie sich eine Portion Gyros mit Reis und Tsatsiki schmecken. Auf ihrem Heimweg wurde sie zu Wolfsmandels drittem Opfer. Als er sie angriff, stieß er mit voller Wucht zu.

Der Stich ging in den linken Oberbauch, ihr Magen und eine Dünndarmschlinge wurden durchtrennt, der Aufhängeapparat des Darms zerschnitten, zig Blutgefäße verletzt. Das Messer drang knapp neben der großen Körperschlagader ein. Sie schrie und reagierte souverän nach dieser Attacke: Im Oktober 2019, fast ein Jahr nach dem brutalen Angriff, erinnerte sie sich im Gerichtssaal, dass der Mann, der auf sie zulief, ihr direkt in die Augen sah. „Ich dachte, warum starrt mich der so an. Ich dachte, er hat mir den Ellenbogen in den Bauch gerammt, da habe ich gesehen, dass er ein Messer in mich führt. Er ist ganz normal weitergegangen, das war ein Stoß unter dem Gehen."

Sie schilderte, wie sie sich an den Bauch griff und plötzlich ihr Gyros vom Abendessen in der Hand hielt. Sie alarmierte ihren Ehemann, schickte per Handy ihren Standort. Dann drückte sie ihr Handy einem Passanten in die Hand. Als die Rettungskräfte vorfuhren, hörte sie noch einen Sanitäter sagen, sie sei schon die dritte Frau an diesem Abend.

Stundenlang rangen die Chirurgen um das Leben der jungen Frau. Wie sie nach der Narkose erwachen würde, ob ihr eine Behinderung bleiben würde, all dies war unklar. Ihr Mann wusste nicht, ob er seine Frau wieder in die Arme schließen könnte. Und ein kleiner Junge vermisste seine Mama.

Marianne Frank lag im Nordklinikum, vor ihrem Krankenzimmer hielten zwei Polizisten Wache. Und im Keller des Krankenhauses, dies ahnte damals keiner, schlief heimlich der Verbrecher, der ihr das angetan hatte: Dieter Wolfsmandel, ein kräftig gebauter Mann, mit Tätowierungen bis zum Hals.

Ministerpräsident Markus Söder (CSU) ließ damals Blumen und einen Fresskorb mit Weißwürsten ins Klinikum senden, Innenminister Joachim Herrmann schickte einen Brief und bot seinen Besuch an. Sie lehnte ab.

Am 29. Januar 2019 gestand Dieter Wolfsmandel in einer Vernehmung bei der Kripo die Angriffe. Das Verhör und sein Geständnis wurden mit einer Videokamera festgehalten, gut zwei Stunden dauert die Aufnahme. Wolfsmandel schluchzte und sprach viel und sagte dabei doch wenig. Vor allem erklärte er mit keiner Silbe, warum er auf die ihm unbekannten Frauen eingestochen hatte. Dieter Wolfsmandel, Familienstand ledig, gelernter Lagerist, geboren in der Lutherstadt Eisleben, war sich angeblich selbst ein Rätsel.

Klar ist: An Regeln hielt er sich nie. Im Alter von sechs Jahren kam er in ein Heim, sein Vater saß im Gefängnis, die Mutter war überfordert. Drei Jahre später nahm ihn der Vater wieder bei sich auf, aufwärts ging es aber nur für kurze Zeit, der Absturz folgte. Er flog von der Schule, lief von zu Hause weg und wurde kriminell. Er war gerade 15 Jahre alt, als er im März 1995 nach einem Diebstahl erstmals aktenkundig wurde. Im Alter von 16 griff er zu Alkohol und rauchte Cannabis. Sechs Jahre später wurden die Drogen härter: Er begann, auch Amphetamin und Kokain zu konsumieren, später kam Crystal-Meth hinzu. Delinquenz und Therapie-Abbrüche prägten seinen Lebensweg, die nächsten 20 Jahre beschäftigte er permanent die Strafverfolgungsbehörden.

Im März 1997 brachte ihn fahrlässige Brandstiftung vor das Jugendgericht in Gera, immer wieder wurde er bei Diebstählen erwischt und kam mit Verwarnungen davon. Seine Verbrechen wurden immer schwerer: Im Februar

1999 musste er erstmals einrücken. Raub, Erpressung, Diebstahl, Sachbeschädigung und Körperverletzung brachten ihm fast zweieinhalb Jahre Jugendstrafe ein. Kaum wurde er entlassen, landete er wieder vor einem Strafgericht. Im März 2000 kassierte er für einen Diebstahl zehn Monate Jugendstrafe, im Dezember 2001 folgten zwei Jahre und vier Monate Haft, diesmal wurde er vom Amtsgericht Erfurt wegen Raub und Sachbeschädigung verdonnert. Im Dezember 2002 verurteilte ihn das Amtsgericht Gotha wegen Vergewaltigung zu einem Jahr Jugendstrafe.

Der Drehtür-Effekt „Straftat-Knast-Freiheit-Straftat-Knast" konnte nicht gestoppt werden. Aus dem kriminellen Jugendlichen wurde ein Berufskrimineller, der als Erwachsener seinen Radius erweiterte. Immer wieder stand er in Thüringen vor Gericht, nun aber auch in Bayern und in Berlin.

Er wurde wegen Körperverletzungsdelikten verurteilt, immer wieder wegen Diebstählen, Betrügereien und Sachbeschädigung. Er beleidigte andere, fuhr ohne Führerschein Auto und flüchtete, als er betrunken einen Unfall verursacht hatte.

Die einzige stabile Phase seines Lebens erlebte er zwischen 2012 und 2014: Damals hatte er eine Freundin, ging arbeiten und wurde im Herbst 2013 Vater einer kleinen Tochter. Die Beziehung zur Kindsmutter zerbrach und auch weitere Beziehungen scheiterten.

Vieles deutet darauf hin, dass Dieter Wolfsmandel im Herbst 2018 auf einen Neustart gehofft hatte. Er war obdachlos und hatte mehr als ein Dutzend Therapien begonnen, um ohne Drogen zu leben. Jede brach er ab und immer wieder geriet er mit dem Gesetz in Konflikt. Doch im September 2018, ein Vierteljahr vor den Bluttaten in Nürnberg, lernte er in einer Notschlafstelle in Berlin eine Frau kennen. Er versprach ihr, endgültig den Drogen abzuschwören. Ab November 2018 ließ er die Finger von Crystal-Meth. Doch dann erkrankte die Frau an Krebs.

Wolfsmandel kümmerte sich – dies bestätigten der Heimleiter und auch ein Mitbewohner – rührend um sie. Er begleitete sie zu Untersuchungen, machte ihr kleine Geschenke, sorgte sich um ihre Gesundheit und ihren eventuellen Tod. Doch er trat auch äußerst eifersüchtig auf und wenn er getrunken hatte, war er aggressiv und abweisend, aufgrund seiner Sucht-probleme litt er unter Halluzinationen und Verfolgungswahn.

Gleichzeitig versprach er: Wenn sie nur überleben würde, wollte er sich wieder einer Therapie stellen. Doch so weit ist es nicht gekommen: Die Frau musste erst nach Hamburg, dann nach Köln in ein Krankenhaus. Um mit ihr Kontakt zu halten, war Dieter Wolfsmandel auf ein Handy angewiesen, doch die Therapieeinrichtung wollte ihn nur nehmen, wenn er den Kontakt zur Außenwelt einstellen und sein Handy abgeben würde. Er verwarf den Vorsatz zur Therapie, die Frau beendete die Liaison.

„Ich komme nicht mehr klar. Ich will ins Gefängnis" – mit diesen Worten betrat er in jenem Herbst eine Polizeiwache in Berlin. Ein ungewöhnlicher Auftritt, der selbst den Polizeibeamten in Berlin im Gedächtnis blieb. Spä-ter reiste Dieter Wolfsmandel nach Nürnberg und fand sofort Unterschlupf in einer Einrichtung für Obdachlose. In Berlin hatte er keine Zukunft mehr gesehen, in Nürnberg kannte er sich etwas aus.

In der Nacht zum 13. Dezember schlief er im Nürnberger Norden in einer Notunterkunft, danach brach er zu einer Wärmestube auf und frühstückte dort. Er wollte mit einem Sozialarbeiter über eine dauerhafte Bleibe spre-chen. Plötzlich, so schilderte er später der Polizei, dachte er an einen Über-fall. Wie der Gedanke „einen Raubüberfall machen" auf einmal in seinen Kopf gelangte – Wolfsmandel konnte es nicht erklären. Doch an diesem Tag trank er. Eine Flasche Apfelkorn und vier Bier – eine Alkoholmenge, die zu seiner Suchtproblematik passte.

Als er die Wärmestube verließ, wanderte er ziellos durch die Stadt, stieg in die U-Bahn und betrat Geschäfte. Mehrere Überwachungskameras zeichneten, solange dieser Wintertag hell war und Wolfsmandel beleuchte-te Geschäfte aufsuchte, weite Teile seines Weges auf.

Und so konnten die Ermittler später Filmausschnitt an Filmausschnitt rei-hen, bis sie wie in einem Dokumentarfilm sahen, wie der dunkelblonde Mann durch die Stadt streifte. Er ging in einen Supermarkt am Plärrer, dort versuch-te er das Käsemesser und eine Flasche Schnaps der Sorte „Saurer Apfel" zu stehlen. Der Ladendetektiv erwischte ihn und rief die Polizei. Die Beamten nahmen Dieter Wolfsmandels Personalien auf und ließen ihn ziehen.

Im nächsten Geschäft, einem Ein-Euro-Laden, versuchte er erneut, ein Messer zu stehlen. Diesmal gelang es. Später behauptete er, er habe mit diesem Messer nur drohen wollen und im Stadtviertel St. Johannis nach einem „kleinen Geschäft" Ausschau gehalten. Einem Geschäft, das sich für einen Überfall eigne.

Doch dann stieg offensichtlich die Wut in ihm hoch. Woher sein Vernichtungswille kam, er hat es nie erklärt. Am frühen Abend kam ihm am Nürnberger Nordklinikum um 19.20 Uhr eine 56 Jahre alte Frau entgegen. Sie hatte damals auf ihren Bus gewartet und weil sich der Bus verspätet hatte, war sie eine Haltestelle vorausgelaufen. Wolfsmandel stieß ihr das Messer in den Bauch und ging einfach weiter. Er lief durch die Stadt, zum Hauptbahnhof und wieder zurück nach St. Johannis. Um 22.40 Uhr verletzte er mit dem gestohlenen Messer in der Arndtstraße eine 26-Jährige am Rücken. Die junge Apothekerin kam damals von einer Weihnachtsfeier aus dem Lokal „Zum Spießgesellen".

Nur wenige Minuten später entluden sich seine Aggressionen gänzlich ungebremst. Um 22.45 Uhr rammte er Marianne Frank das Messer mit einer derartigen Wucht in den Bauch, dass sogar der Griff eindrang.

Am 13. Dezember 2018 verlor Marianne Frank beinahe ihr Leben, am 29. Dezember wurde sie aus dem Klinikum entlassen. „Ich wollte damals nichts sehen und nichts hören", erinnerte sie sich, doch wenn in der Öffentlichkeit die Wogen hochschlagen, ist es schwer, sich abzuschotten.

Niemand ist darauf vorbereitet, Opfer einer Straftat zu werden. Und für viele Geschädigte ist nicht nur die Tat selbst ein Problem, sondern auch der Umgang danach. Als sie nach ihrer Entlassung aus dem Krankenhaus zur Polizeiwache ging, – sie benötigte das Aktenzeichen für ihre Versicherung – traf sie auf einen wenig sensiblen Beamten. Worum es ging („Ich bin ein Opfer aus St. Johannis") musste sie vom Tresen aus durch den halben Raum erklären. Eine weitere Frau wartete in der Wache, der Beamte saß am anderen Ende des Zimmers.

Immer wieder riefen die Ermittler an. Stellten Fragen, die längst beantwortet waren und im Bericht standen. Und Marianne Frank bekam zu spüren, dass sie als Geschädigte zum Beweismaterial einer Ermittlung gehörte. Sie wurde als Zeugin des Rechtsbruchs gebraucht, um Informationen zum Tathergang zu gewinnen. Der Staat ahndete nicht ihre persönliche Verletzung, sondern im Strafverfahren vor allem die Verletzung der Gesetze.

Ein Geständnis gilt als Königin der Beweismittel, doch es muss im Strafprozess anhand der Beweismittel geprüft werden. Um zu prüfen, wie plausibel es ist, werden Verbrechen immer wieder nachgestellt. Und so rief die Polizei, als eine Rekonstruktion der Tat geplant wurde, bei Marianne Frank an. Sie wurde nur gefragt, wann sie Zeit habe – nicht, ob sie bereit wäre, mitzumachen. „Ob ich das kann? Ob ich das überhaupt machen möchte? Ob ich es muss? All das wurde mir nicht erklärt." Im Dunkeln, am Tatort und zur Tatzeit erneut in einem kleinen Schauspiel das Opfer zu geben – für Marianne Frank war dies unvorstellbar.

Damals spielten tatsächlich Polizistinnen und Polizisten auf offener Straße die Szenen nach – und wie es der Zufall wollte, lief die nichtsahnende Marianne Frank vorbei. Man muss kein Psychologe sein, man muss nicht einmal besonders sensibel sein, um sich die bizarre Situation vorzustellen. Doch das Schauspiel auf der Straße wurde für die Frau zu einem Wendepunkt. Bis zu diesem Zeitpunkt war sie davon überzeugt, dass sie Dieter Wolfsmandel nie mehr sehen wollte. Doch in diesem Moment auf der Straße wurde ihr klar, dass dies ihre Geschichte war. Dass sie im Gerichtssaal dabei sein wollte. Sie wollte ihren Peiniger sehen, ihn erleben und begreifen, was für ein Mensch er war. Sie wollte ihre Geschichte in die Hand nehmen und ihm in die Augen sehen.

Marianna Frank ist Diakonin. In ihrem Glauben findet sie Halt. Sie hat Gottvertrauen und auch Vertrauen ins Leben. Mit ihrer Therapeutin bereitete sie sich im Vorfeld auf die Hauptverhandlung vor. Sie betrachtete Fotos von Dieter Wolfsmandel und beschloss, von ihm würde sie sich sicher nicht unterkriegen lassen. Sie hatte eine Familie, die sie liebte, einen Mann und Freunde, die sie stützten. So ließ sie sich Monate nach dem Angriff fotografieren, die Narben gehörten nun zu ihrem Körper.

Am 19. September 2019 saß Marianne Frank im Schwurgerichtssaal des Landgerichts Nürnberg-Fürth. Eine tagelange Hauptverhandlung folgte und danach war die quälende Frage nach dem Motiv noch immer nicht beantwortet. Warum Dieter Wolfsmandel drei Frauen angriff, wir wissen es nicht. Sie waren am Abend des 13. Dezember 2018 einfach zur falschen Zeit am falschen Ort – es hätte jede andere Frau treffen können, sie wurden schlicht zu Zufallsopfern. Eine Erkenntnis des Prozesses, so grausam wie banal.

Warum nur, fragten die Ermittler, der Staatsanwalt, die Richter und die Rechtsanwälte. Warum nur, habe er das getan? Er wisse es beim besten Willen nicht, schluchzte Dieter Wolfsmandel: „Das ist Wahnsinn", sagte er. Er habe Frauen doch sonst „immer geschützt". Er weinte minutenlang. Von seinem Verhör war wenig zu verstehen, aber ein Satz noch: „Das tut unheimlich weh sowas". Wolfmandel meinte offenbar sich selbst, nicht die Frauen.

Die Schwurgerichtskammer hat den damals 38-Jährigen zu einer lebenslangen Freiheitsstrafe verurteilt. Der Bundesgerichtshof hat dieses Urteil im Mai 2020 bestätigt. Die lebenslange Freiheitsstrafe meint, dass die Strafvollstreckung nach 15 Jahren prüfen wird, ob die Vollstreckung der restlichen Strafe zur Bewährung ausgesetzt werden kann. In Bayern sitzen, statistisch betrachtet, „Lebenslängliche" fast 22 Jahre hinter Gittern.

Marianne Frank war, als sie als Zeugin gegen ihren Peiniger aussagen musste, wieder schwanger. Ob die Vernarbungen ihrer Verletzungen die Entbindung erschweren könnten, war damals unklar. Heute sind sie und ihr Partner Eltern zweier Kinder.

Der mysteriöse Fall Peggy

DIE ENDLOSE SUCHE NACH EINEM MÖRDER

von Elke Graßer-Reitzner

Ihren Namen kennt ganz Deutschland. Ihr herzförmiges Gesicht, die durchdringenden blauen Augen, das scheue Lächeln, das sie auf den alten Bildern zeigt, haben sich ins kollektive Gedächtnis eingebrannt. Was ist mit der neunjährigen Peggy aus Lichtenberg in Oberfranken wirklich passiert? Bis heute ist ihr Verschwinden ein Mysterium, ihr Fall einer der schillerndsten in der deutschen Kriminalgeschichte.

Wer von der Autobahn A 9 Richtung Berlin abbiegt und über Issigau ins Städtchen Lichtenberg mit seiner malerischen Burgruine am Fuße des Frankenwalds steuert, der gelangt durchs legendäre Höllental mit seinem Teufelssteg. Hier soll der Sage nach einem Köhler der Leibhaftige erschienen sein und dabei die Felsen zum Bröckeln gebracht haben. Einmal durch die Hölle und zurück: Diesen Weg haben Peggys Mutter, ihre Schwester, ihre Familie wohl schon oft zurückgelegt. Denn selbst über 20 Jahre später, nachdem Peggy aus dem Leben gerissen wurde, ist nicht klar, was sich zugetragen hat.

Wer hat sie getötet? Wo? Wer schweigt, obwohl er zur Aufklärung beitragen könnte? Nicht einmal in dieser Frage sind sich die Ermittler sicher.

Die Geschichte des blonden Mädchens steckt voller Rätsel und Widersprüche. Bis heute ist sogar umstritten, wann man Peggy das letzte Mal gesehen hat. Die Polizeiakten jedenfalls halten immer noch eine längst widerlegte Uhrzeit fest.

Der 7. Mai 2001 ist ein kühler, regnerischer Tag. Die neunjährige Peggy Knobloch verschwindet an diesem Montag unter so merkwürdigen Umständen, dass man denken könnte, es müssten ein paar dicke graue Wolken gewesen sein, die das zarte Wesen eingehüllt und über die Burgruine hinweg in den nahen Rennsteig getragen haben, wo man ihre sterblichen Überreste 15 Jahre später finden wird. Was genau passiert ist, weiß nur der Täter, vielleicht waren es mehrere.

Als Peggys Mutter Susanne Knobloch am Montagabend gegen 20.15 Uhr von der Spätschicht in einem Alten- und Pflegeheim heimkommt, kann sie ihre Tochter nirgends finden. Die Wohnungstür war verschlossen, der Schulranzen, der oft im Flur lag, fehlte. Und auch bei den Nachbarn B. im selben Haus, die wie sie aus Sachsen-Anhalt nach Lichtenberg gezogen waren, hielt sich Peggy nicht auf. Die Nachbarn hatten eine Tochter in Peggys Alter, man kümmerte sich abwechselnd um die Kinder.

Doch diesmal hatte auch die Nachbarsfamilie Peggy nicht gesehen. Susanne Knobloch beginnt, Schulfreundinnen abzutelefonieren, fährt schließlich durch den Ort. Doch sie findet ihre neunjährige Tochter nicht, keine Spur von ihr. Um 22 Uhr meldet Susanne Knobloch bei der Polizei in Naila Peggy als vermisst. Sie sei, gibt die Mutter an, mittags nicht von der Schule nach Hause gekommen. Doch konnte das denn stimmen? Woher wollte Susanne Knobloch das so genau wissen, sie selbst war da bereits in der Arbeit?

Die Merkwürdigkeiten beginnen.

Mitschüler haben das Kind, das jeder im Ort kannte, das gerne mal in die Töpfe der Lichtenberger guckte und sich hier und dort zum Essen einladen ließ, am Nachmittag gegen 16 Uhr noch vor dem Bäcker gesehen. So gaben sie es zu Protokoll. Zwei Jungen berichteten der Polizei, Peggy sei dann in einen roten Mercedes gestiegen, der ein tschechisches Kennzeichen trug, und abends mit ihm auch wieder zurückgekommen. Ein Hofer Staatsanwalt beantragte daraufhin ein Rechtshilfegesuch bei den tschechischen Behörden. Doch das Nachbarland kann auch in den folgenden Tagen mit keinen Hinweisen dienen.

Abends um 19 Uhr an jenem 7. Mai 2001 sah ein Familienvater das Mädchen mit seinem blausilberfarbenen Roller noch an einer Bushaltestelle am Ortseingang stehen. Er meldete seine Beobachtungen anderntags den Ermittlern, als die Suche bereits auf Hochtouren lief. Der Mann, von Beruf Beamter, war sich sicher, dass seine Aussage berücksichtigt werden würde. Tatsächlich notierte ein Polizist, der ganz am Anfang mit dem Vermisstenfall betraut war: Ausgehend davon, dass Peggy gegen 19 Uhr noch mit dem Roller gesehen wurde und der Roller am Abend im Hauseingang stand, „steht fest, dass Peggy zwischen 19.15 Uhr und 20.15 Uhr zu Hause war". Dennoch sollten diese wichtigen Hinweise einige Zeit später keine Rolle mehr spielen.

Susanne Knobloch informierte, nachdem sie bei der Polizei Anzeige erstattet hatte, ihren türkischen Lebensgefährten Serhan G. (Name geändert) von Peggys Verschwinden. Der arbeitete zu diesem Zeitpunkt noch in der Spätschicht einer Textilfabrik. Serhan G. kaufte spätabends nach Dienstschluss an einer Autobahnraststätte rasch eine Taschenlampe, um die Suche nach seiner Stieftochter in der Nacht fortzusetzen. Doch man musste sie ergebnislos beenden.

In den folgenden Tagen flehte Susanne Knobloch mit tränenerstickter Stimme vor Fernsehkameras und Mikrofonen, der oder die Entführer mögen ihre „Schnecke" wieder zurückbringen. Aber das Kind tauchte nicht wieder auf. Bundeswehrtornados überflogen mit Wärmebildkameras das Gelände, Waldstücke wurden durchkämmt, Taucher suchten die Saale ab, sogar ein altes Haus wurde abgerissen. Die Polizei ging rund 2500 Hinweisen aus der Bevölkerung nach. Peggy in ihrer schwarzen Windjacke mit dem Aufdruck „TSV Lichtenberg", im auffälligen orangenen Sweater sowie in der olivgrünen Hose blieb wie vom Erdboden verschluckt. Nicht einmal ihr Schulranzen mit der Diddl-Maus als Glücksbringer kam je wieder zum Vorschein.

Im Herbst 2001 ließ Herbert Manhart, damals Erster Kriminalhauptkommissar bei der Polizeidirektion in Hof und Leiter der Soko Peggy, den

23-jährigen Ulvi K. in Gewahrsam nehmen. Aber nicht, wie Manhart bis heute gegenüber den Nürnberger Nachrichten betont, weil er den geistig behinderten Gastwirtssohn, den jeder in Lichtenberg freundlich grüßte, damals in Verdacht hatte, etwas mit dem Verschwinden der quirligen Schülerin zu tun zu haben. Zwar hatte Peggys Mutter gegenüber der Polizei Ulvi ins Spiel gebracht. Doch die war aus einem anderen Grund auf ihn aufmerksam geworden: Weil sich Ulvi immer wieder vor Jungs auf der Straße entblößte und sexuelle Handlungen vornahm. Dem jungen Mann, der auf dem Entwicklungsstand eines Elfjährigen war, und seinen Eltern habe man helfen müssen, begründet Manhart. Ulvi sollte wegen seiner exhibitionistischen Veranlagung in der forensischen Psychiatrie in Bayreuth eine Therapie absolvieren.

Die Sonderkommission durchforstete derweil Peggys familiäres Umfeld und nahm alsbald Serhan G., den türkischen Lebensgefährten der Mutter, und dessen Familie unter die Lupe. Türkische Polizeikräfte suchten sogar auf Bitten der Oberfranken in der Ortschaft Elmabagi östlich von Izmir nach Peggy, als ein Hinweis einging, die Schülerin sei dort gesichtet worden. Hofer Kripobeamte reisten schließlich ein Jahr später selbst in die Türkei, weil sich hartnäckig der Verdacht hielt, der Stiefvater habe Peggy dorthin entführt. Susanne Knobloch selbst hatte der Polizei einen Hinweis gegeben und ihr eine neue Handy-SMS zur Verfügung gestellt, die sie von Serhan G. erhalten habe. Denn in der Kurznachricht hatte es geheißen: „Ich werde handeln. . . Mit 50.000 DM kann man viel machen auf dieser Scheißwelt." 50.000 Mark – so hoch war die Belohnung, die man für Hinweise auf das Kind ausgesetzt hatte.

Aus der Türkei war zudem die Nachricht gekommen, in der Nähe von Elmabagi werde ein deutsches Mädchen festgehalten. Doch vor Ort kam man keinen Schritt weiter, die Hinweise entpuppten sich allesamt als pure Spekulationen.

Ein junger Mann aus Lichtenberg rückte bereits 2001 ins Visier der Sonderkommission: Martin F. (Name geändert). Ausgerechnet Ulvi K. hatte ihn beschuldigt, „Peggy geknebelt, gefesselt und mit einem Stein beschwert an einem Fluss abgelegt zu haben". Doch Martin F., der am Tag von Peggys Verschwinden, am 7. Mai, Geburtstag hatte, habe ein Alibi, notierte die Polizei und schloss Martin F. als Täter aus.

Erst einige Zeit danach kam ans Licht, dass Ulvi nicht etwa Augenzeuge der Tat gewesen war, sondern nur die Erzählungen einer feucht-fröhlichen Männerrunde am Vatertag 2001 wiedergegeben hatte, in der allerlei wüste Spekulationen über den Verbleib der Neunjährigen die Runde gemacht hatten. Ulvi, der solche Geschichten liebte, hatte offenbar nachgeplappert, was er da so alles hörte. Und er soll der Polizei auch berichtet haben, S. habe ihm gesagt, er habe das Mädchen missbrauchen wollen.

Doch diese Behauptungen sollten sich rächen. Denn als Kriminalhauptkommissar Herbert Manhart zu Beginn des Jahres 2002 wie geplant in den Ruhestand ging und der damalige Würzburger Kripo-Chef Wolfgang Geier von Innenminister Günter Beckstein als neuer Leiter der Soko Peggy II eingesetzt wurde, gingen die Ermittlungen plötzlich in eine andere Richtung. Alsbald konzentrierten sich die Kripoleute unter Wolfgang Geier auf Ulvi K., der in der Psychiatrie saß.

Zu diesem Zeitpunkt, es war ein Jahr nach Peggys Verschwinden, hatte die Mutter von Martin F. für Aufsehen gesorgt: Sie sagte aus, sie habe an jenem 7. Mai 2001 Ulvi auf einer Bank auf dem Henri-Marteau-Platz in Lichtenberg sitzen sehen. Hier soll Peggy auf ihrem Nachhauseweg von der Schule vorbeigekommen sein. Irgendwann gegen 13.30 Uhr. Sie erinnere sich deswegen, weil sie im Ort für die Kaffeetafel zum 24. Geburtstag ihres Sohnes noch Kerzen und Servietten besorgt habe.

Dass Frau F. die einzige Zeugin war, die Ulvi an diesem zentralen Platz gesehen haben will, machte die Polizei nicht stutzig. Auch nicht die Tatsache, dass es ihr Sohn war, den Ulvi ein Jahr zuvor mit seiner kruden Vatertagsstory in die Bredouille gebracht hatte. Die neue Soko hatte schließlich noch einen weiteren Hinweis auf Ulvi bekommen: Peter H., Ulvis Zellennachbar in der Psychiatrie in Bayreuth, hatte dem Team von Wolfgang Geier gesagt, Ulvi habe ihm den Mord an Peggy gestanden. Er habe damit die Vergewaltigung an der Kleinen vertuschen wollen.

Die Dinge nahmen ihren Lauf und die Schlinge um Ulvis Hals zog sich immer enger zu. Niemand ahnte zu diesem Zeitpunkt, dass Ulvis Mitinsasse

Peter H. ein V-Mann der Polizei war, dem man rasche Hafterleichterungen versprochen hatte, sollte er Ulvi ein Geständnis entlocken. Niemand ahnte, dass Peter H., bei dem man einen Hirntumor diagnostiziert hatte, am Ende seines Lebens reinen Tisch machen und die Wahrheit ans Tageslicht befördern würde: Am 13. September 2010, als H. längst wieder in Freiheit war, aber sein Gesundheitszustand sich deutlich verschlechtert hatte, suchte er einen Ermittlungsrichter in Bayreuth auf und gab folgende eidesstattliche Versicherung ab:

„Ich habe im Strafverfahren gegen Herrn Ulvi K. aus Lichtenberg wahrheitswidrig ausgesagt, dass mir Herr K. gestanden hätte, Peggy Knobloch getötet zu haben. Tatsache ist, dass Herr K. mir gegenüber nie ein derartiges Geständnis abgelegt hat. Er hat sich mir gegenüber dahingehend geäußert, dass er Peggy Knobloch beim gemeinsamen Spiel an einer Playstation durch Fummeln sexuell belästigt habe. Er erklärte in diesem Zusammenhang aber mehrfach auch, dass er sie nicht getötet hat."

Im Weiteren legte Peter H. auch dar, wie es aus seiner Sicht zu seiner Falschaussage gekommen ist. Die Soko-Mitarbeiter hätten ihm immer wieder „Hafterleichterungen, ein mildes Urteil in meiner Strafsache und eine schnelle Haftentlassung in Aussicht gestellt, wenn ich bereit wäre zu bestätigen, dass Herr K. mir die Tötung von Peggy Knobloch gestanden hätte".

Für Ulvi kam dieser Widerruf von H. viel zu spät. Der geistig Behinderte war bereits am 30. April 2004, mit 26 Jahren, am Ende eines Indizienprozesses zu einer lebenslangen Freiheitsstrafe wegen Mordes an Peggy verurteilt worden. Er, der übergewichtige, träge junge Mann, sollte die wieselflinke Neunjährige an jenem 7. Mai 2001 abgepasst und zwischen 13.30 Uhr und 14 Uhr auf dem Nachhauseweg von der Schule umgebracht haben, um eine – nie bewiesene – Vergewaltigung zu vertuschen.

Dass eine ganze Reihe von Zeugen bereits unmittelbar nach Peggys Verschwinden angegeben hatte, sie am Nachmittag und Abend des 7. Mai noch gesehen zu haben – es hatte im Prozess keine Rolle mehr gespielt. Auch die Notiz eines Polizeibeamten, Peggy müsse abends noch einmal zu Hause gewesen sein und ihren Roller abgestellt haben, fand keine

Berücksichtigung. In den Ermittlungsakten hieß es nun lapidar: „Soweit mehrere Zeugen das Mädchen Peggy nach 13.30 Uhr des 07.05.2001 gesehen haben wollen, haben die Ermittlungen ergeben, dass dies aus verschiedenen Gründen nicht der Fall gewesen sein kann."

Denn Polizei und Staatsanwaltschaft hatten etwas Gewichtiges in der Hand: Ulvi hatte ein Geständnis abgelegt!

Die Soko II unter Wolfgang Geier hatte Ulvi seit 2002 hart zugesetzt und ihn wieder und wieder befragt. In 16 Vernehmungen, teilweise auch ohne seinen Anwalt, hatte Ulvi K. stets bestritten, etwas mit dem Mord an der Kleinen zu tun zu haben. Nur dass er sie vergewaltigt haben will, hatte er den Beamten bereits am 6. September 2001 gesagt. Es sei so etwa „drei Wochen vor ihrem Verschwinden gewesen, nur nicht in diesem Jahr!" Der geistig behinderte K. hatte keinen Zeitbegriff. Alles dauerte bei ihm „immer zehn Minuten", egal wie lange er dafür wirklich brauchte.

Ulvi hatte Angst vor der Polizei – und vor dem Gefängnis. „Da kommen die Mörder hin", sagte er oft. Er wollte auch nicht dauernd befragt werden, davor graute ihm, einem Pfleger in der Bayreuther Klinik sagte er, er fürchte sich davor, wieder angeschrien und „an der Schulter ge bakt" zu werden, wie er später in kindlicher Schrift festhält. Doch am 2. Juli 2002 wurde er abermals in die Polizeidirektion nach Hof gebracht. Er konnte den Polizisten wieder nichts Brauchbares berichten. Die Vernehmung wurde beendet, sein Anwalt brach zu einem anderen Termin auf, Ulvi sollte zurück nach Bayreuth gebracht werden.

Da plötzlich öffnete er sich dem Beamten des Fahrdienstes, der gar nicht zur Soko gehörte, den er aber aus Lichtenberg kannte. So halten es die Akten fest. Er habe Peggy umgebracht, als er sich bei ihr für den Missbrauch vier Tage vorher entschuldigen wollte, erzählt er dem Fahrer. Peggy habe sich von ihm losgerissen, geschrien, sei gestolpert und hingefallen, habe sich wieder aufgerappelt, sei davongelaufen, er habe sie eingeholt, umgedreht, sie bäuchlings hingeschmissen und ihr Nase und Mund zugehalten, bis sie tot war. Er nannte auch Bekannte, die angeblich die Leiche weggeschafft hatten. Doch die Frau und der Mann hatten ein wasserdichtes Alibi. Und eine Leiche gab es am besagten Ort auch nicht.

Später wandelte Ulvi K. die Geschichte ab, schmückte sie aus. Und widerrief sie mehrfach. „Ich habe die Peggy nicht umgebracht", sagte er immer wieder. Doch es half nichts: Obwohl Peggys Leiche fehlte, wurde Ulvi K. 2004 schuldig des Mordes gesprochen.

Es ist der akribischen Arbeit seiner Betreuerin Gudrun Rödel zu verdanken, dass der Fall nach zehn Jahren wieder aufgerollt wurde. Rödel, eine gelernte Rechtsanwaltsgehilfin, war von Anfang an von der Unschuld ihres Schützlings überzeugt. Ein behinderter Mann sollte in einer knappen halben Stunde den „perfekten Mord" begangen haben? Unmöglich, sagt Rödel.

Denn um 13.30 Uhr wurde Peggy am Marktplatz in Lichtenberg gesehen – von einer Schülerin, die mit dem Schulbus aus Naila kam. Um 14 Uhr aber fand sich Ulvi bereits wie verabredet zum Holzmachen bei einem befreundeten Lichtenberger ein, später fuhr er mit seinen Eltern zu seiner Schwester zum Kaffeetrinken in den Nachbarort und traf danach auch noch den Bürgermeister.

Rödel hat den Fahrtenschreiber des Schulbusses auswerten lassen und offengelegt, dass er später in Lichtenberg ankam als in den Gerichtsunterlagen festgehalten. Damit hätte Ulvi, der bis 14 Uhr auch noch Essen aus der Gastwirtschaft seiner Eltern austrug, kaum mehr Zeit für das Verbrechen und die spurlose Beseitigung der Leiche gehabt.

Zusammen mit der Münchner Autorin Ina Jung, die sieben Jahre den Fall recherchiert hatte, konnte Betreuerin Gudrun Rödel ein weiteres, und diesmal entscheidendes Puzzleteil in dieser verworrenen Kriminalgeschichte vorlegen: Ulvi hatte sein Geständnis wohl exakt so formuliert, wie es ihm die Polizei in den zahlreichen Verhören immer wieder eingetrichtert hatte.

Denn Soko-Leiter Wolfgang Geier hatte den bekannten Münchner Profiler Alexander Horn eingeschaltet, als Ulvi K. in den Fokus rückte und man von seinem Zellennachbarn in Bayreuth, Peter H., die (falsche) Aussage in Händen hielt, Ulvi habe ihm den Mord gestanden. Horn fertigte aufgrund dieser Angaben eine sogenannte Tathergangshypothese an, also einen möglichen Verlauf der Ereignisse.

Und genau diese Version des Fallanalytikers Horn war es, die Ulvi bei seinem Geständnis zum Besten gab. Hatte man ihm, den mehrere psychiatrische Gutachter als „großen Geschichtenerzähler" bezeichneten, der aufgrund seiner eingeschränkten geistigen Fähigkeiten gerne wiedergab, was er irgendwo aufgeschnappt hatte, also die Aussagen in den Mund gelegt? Die Staatsanwaltschaft wie auch das Landgericht in Bayreuth konnten dies nicht mehr ausschließen – sie stimmten einem Wiederaufnahmeprozess zu, der am 14. Mai 2014 zum Freispruch von Ulvi K. führte.

Der Richter hatte nun auch den Zeugen Glauben geschenkt, die selbst 13 Jahre später eindrücklich versicherten, Peggy am späten Nachmittag des 7. Mai 2001 noch gesehen zu haben. Ulvi K. konnte sie also nicht zwischen 13.30 Uhr und 14 Uhr ermordet haben, auch wenn die Polizei bis heute diese Uhrzeit angibt, zu der das Verbrechen stattgefunden haben soll.

Im Zuge des neuen Verfahrens rückten nun mehrere Männer ins Blickfeld, die die Ermittler – zumindest zeitweise – dringend verdächtigten, etwas mit Peggys Verschwinden zu tun zu haben. So Hannes J. (Name geändert), ein heute 37-jähriger Mann aus Sachsen-Anhalt. Er hatte im Jahr 2001 oft die Familie B. seines Stiefbruders in Lichtenberg besucht, die in der Etage direkt über Peggy, ihrer Mutter und ihrer Schwester wohnte. Es war jene Nachbarsfamilie B., bei der sich Peggy oft aufgehalten hatte.

Bereits die Manhart-Kommission war schon auf Hannes J. gestoßen, weil sie seine Telefonnummer auf einem Zettel in einem Schulbuch in Peggys Zimmer gefunden hatte. Als die Polizei ihn damals unangemeldet in seinem Elternhaus in den neuen Bundesländern aufsuchte, trug er ein Amulett mit dem Foto von Peggy um den Hals. Er verwickelte sich in Widersprüche und gab für den 7. Mai ein falsches Alibi an.

Doch diese Spur ließ die Soko Peggy II erkalten, als sie sich auf Ulvi konzentrierte. Im Jahr 2013 aber wurde J., der Ulvi sehr ähnlich sieht, zu einer sechsjährigen Freiheitsstrafe verurteilt, weil er seine eigene Tochter sexuell missbraucht hatte. Kurz nach dem Urteil wurde J. abermals angezeigt: Er gestand nun, auch die Tochter seines Stiefbruders B. in Lichtenberg missbraucht zu haben, Peggys Freundin.

Und er gab sogar zu, dass er mit Peggy um Ostern 2001, etwa zwei Wochen vor ihrem Verschwinden, „Zärtlichkeiten" ausgetauscht habe. Von „Kuscheln" und von „Küssen" sei die Rede gewesen, einen sexuellen Missbrauch habe er nicht eingeräumt, sagte der damalige Leitende Bayreuther Oberstaatsanwalt Herbert Potzel. Deshalb habe man gegen J. keine Anklage erhoben.

Danach geriet J.s Halbbruder B. aus dem Haus in Lichtenberg, in dem Peggy lebte, kurzzeitig unter Verdacht, mit der Tat in Verbindung zu stehen, da er kein lückenloses Alibi für den 7. Mai vorweisen konnte. Diese Ermittlungen wurden später ebenfalls eingestellt.

Bei einem dritten früheren Nachbarn von Peggy, der wegen Kindesmissbrauchs verurteilt worden war, rückte im Frühjahr 2013 ein Großaufgebot der Polizei an und pflügte seinen Garten um, in der Hoffnung, Gebeine zu finden. Sein Haus wurde durchsucht, auch eine Scheune bei Fürth, die ihm gehörte. Am Ende mussten die Ermittler ohne Ergebnis abziehen.

Später ließ man in Lichtenberg eine Leiche exhumieren, weil es Verdachtsmomente gab, im Sarg könnte statt der verstorbenen Seniorin Peggy liegen – ein Trugschluss, wie sich zeigen sollte.

Wo war Peggy Knobloch? Ein weltweiter Datenbanken-Abgleich brachte kein Ergebnis, die Ermittler gingen vom Schlimmsten aus: Peggy wäre jetzt eine junge Frau, die auch einmal einen Arzt aufsuchen müsste. Doch nirgends stieß man auf eine Spur von ihr.

Als ein Pilzsammler im Sommer 2016 in Rodacherbrunn, etwa 20 Kilometer von Lichtenberg entfernt auf thüringischer Seite, Knochen entdeckte, wurde die Vermutung zur Gewissheit. Die sterblichen Überreste wurden im Labor als die Gebeine von Peggy identifiziert. Bis heute fehlen Teile des Skeletts, auch ihr Schulranzen bleibt verschwunden. Der Fundort ist nicht der Tatort, davon ist die Sonderkommission Peggy (inzwischen die dritte) überzeugt.

Wer hat sie getötet? Der Fall schien eine neue, schier unfassbare Dimension anzunehmen, als man 2016 bei der weiteren labortechnischen Untersuchung DNA-Spuren des Rechtsterroristen Uwe Böhnhardt am Leichenfundort entdeckte. Am Ende stellte sich dieser Treffer aber als eine peinliche Panne heraus: Die Tatortgruppe des Landeskriminalamtes Thüringen hatte bei der Bergung der Peggy-Knochen Instrumente verwendet, die sie auch beim Leichenfund der beiden NSU-Terroristen Uwe Böhnhardt und Uwe Mundlos im November 2011 in Eisenach eingesetzt hatte. Offenbar waren die Werkzeuge nicht so akribisch gereinigt worden wie vorgeschrieben, jedenfalls hatten die Polizisten versehentlich kleinste Spuren von Uwe Böhnhardt auf die sterblichen Überreste des Mädchens übertragen.

Zwei Jahre später, im September 2018, scheint es, als stehe die Mordsache nun tatsächlich vor einer – überraschenden – Klärung. Denn die Polizei durchsucht nun das Anwesen von Martin F. in Wunsiedel. Kurz darauf wird er festgenommen. Es ist jener junge Mann, der 2001 in Lichtenberg bei seinen Eltern gewohnt hatte und den Ulvi K. einst nach der Vatertagssause beschuldigt hatte, Peggy „geknebelt, gefesselt und an einem Fluss abgelegt zu haben". Und dessen Mutter daraufhin später ausgesagt hatte, sie habe Ulvi K. auf dem Henri-Marteau-Platz sitzen sehen, an dem Peggy vorbeigekommen sein müsse...

Es war wiederum das Labor, das die Ermittler auf die Spur von Martin F. gebracht hatte. Eine Wissenschaftlerin hatte an den Knochenteilen des Kindes im Kopfbereich Torf-Pollen und Farbpartikel identifiziert. Zuerst konnte die neue Soko „Peggy" mit dem Pollen-Fund nichts anfangen. Doch dann stieß sie in den Akten auf die Aussage von Martin F., er habe am 7. Mai 2001, an seinem 24. Geburtstag, mit seiner Mutter Blumen im Garten umgetopft, ehe man sich an die Kaffeetafel setzte. Zudem habe er Renovierungsarbeiten durchgeführt.

Nach dem Großeinsatz der Polizei in F.s Anwesen in der Nähe von Wunsiedel fahren die Ermittler gleich nach Lichtenberg und nehmen Proben vom Wohnhaus und dem Garten seiner Mutter. Und sie stellen Übereinstimmungen mit den Proben vom Leichenfundort fest.

Unter dem Druck der Laborergebnisse gesteht der inzwischen 41-Jährige, der auch als Bestatter arbeitet, schließlich, Peggy mit seinem goldfarbenen Audi 80 in den Wald gebracht zu haben. Er bestreitet jedoch, das Mädchen getötet zu haben. Er habe das leblose Kind damals von einem Bekannten an der Bushaltestelle in der Poststraße von Lichtenberg übernommen, sagt Martin F. aus. Er habe noch versucht, die Neunjährige zu beatmen, weil dies nicht gelungen sei, habe er sie in eine rote Decke gepackt und in den Kofferraum seines Autos gepackt und in dem Waldstück im Saale-Orla-Kreis abgelegt, in dem 15 Jahre später ihre Knochen gefunden wurden.

Den Schulranzen und die Jacke von Peggy will er einige Tage später zu Hause verbrannt haben.

Obwohl sich Polizei und Staatsanwaltschaft bedeckt halten, kommt rasch heraus, wer der „Bekannte" gewesen sein soll, von dem er das leblose Mädchen übernommen haben wollte: Martin F. hatte Ulvi K. beschuldigt. Ulvis Betreuerin Gudrun Rödel ist über diese Aussage zutiefst empört.

Nicht nur, dass sie das Geschilderte für völlig abwegig hält, auch ein anderer Aspekt lässt sie den Kopf schütteln. An dem Bushäuschen seien zur Mittagszeit Scharen von Schülern vorbeigekommen, selbst Martins Bruder habe sich dort aufgehalten, versichert sie. Ein lebloses Mädchen wäre keine Sekunde unentdeckt geblieben. Ulvi K. hatte die neuerliche Beschuldigung so mitgenommen, dass er vorübergehend ärztlich behandelt werden musste.

Auch Polizei und Staatsanwaltschaft haben offenbar Zweifel: Der geschilderte Geschehensablauf sei „nicht mit weiteren Ermittlungsergebnissen in Einklang zu bringen", heißt es in ihrer Erklärung.

Dann die nächste Wendung: Martin F., der stets beteuert hatte, Peggy nicht getötet zu haben, widerruft sein Geständnis, die Leiche in den Wald gefahren zu haben. Auch den Schulranzen habe er gar nicht verbrannt, sagt er nun. Sein Anwalt erhebt schwere Vorwürfe gegen Polizei und Staatsanwaltschaft: Sie hätten seinen Mandanten zu der Aussage genötigt, klagt er.

Nach zwei Wochen Untersuchungshaft kommt Martin F. im Dezember 2018 wieder frei, obwohl sich herausstellte, dass sein Alibi für den 7. Mai 2001 Lücken hat und seine Angaben teilweise nicht stimmten. Ein Richter urteilt, die Beweise seien nicht ausreichend.

Ulvi K. kann auch nicht weiterhelfen. Weil er die unterschiedlichsten Varianten erzählte, wurde ein Rechtspsychologe hinzugezogen. Ergebnis: Es sei auszuschließen, dass Ulvi K.s „Schilderungen auch nur annähernd eine hinreichende Zuverlässigkeit und Glaubhaftigkeit attestiert werden kann". Dafür wären die Widersprüchlichkeiten in seinen Aussagen zu hoch.

Nach zwei Jahren intensiver Arbeit, in der „alle Möglichkeiten ausgeschöpft wurden, das Verbrechen aufzuklären", wie Bayreuths neuer Leitender Oberstaatsanwalt Martin Dippold in einer gemeinsamen Erklärung von Staatsanwaltschaft und Polizei schreibt, werden im Oktober 2020 alle Ermittlungen gegen den inzwischen 43-jährigen Martin F. eingestellt.

Man habe zwar „zahlreiche Indizien ermittelt, die auf eine Tatbeteiligung von Martin F. hindeuten", begründet Dippold, doch der „sichere Nachweis" fehle. Auch die Todesursache des Kindes lasse sich nicht mehr feststellen. Überzeugt sind die Kriminalbeamten jedoch davon, dass Peggy vor ihrem Verschwinden sexuell missbraucht worden war. Denn die Neunjährige hatte sich stark verändert, hatte begonnen, sich aufreizend zu kleiden und zu schminken, versteckte aber plötzlich ihre Unterhosen oder vernichtete sie. Sie zeichnete nun Männchen mit großen Genitalien. Weil sie in der Schule schlechter wurde, nur noch wenig aß und sehr unruhig war, suchte ihre Mutter mit ihr einen Arzt auf. Peggy erhielt in den letzten Wochen ihres jungen Lebens ein Psychopharmakon, wie aus ihrer Krankenakte hervorgeht.

Ihre Mordakte ist jetzt erst einmal geschlossen. Man sei 6400 Ermittlungsspuren nachgegangen, teilt Oberstaatsanwalt Dippold mit, habe rund 3600 Vernehmungen durchgeführt, 250 Gutachten der unterschiedlichsten Spezialisten wurden eingeholt. Inzwischen füllt der Fall Peggy 450 Aktenordner mit über 32.000 Seiten.

Martin Dippold will den Fall erst wieder aufrollen, wenn es neue Beweismittel oder neue Zeugen gibt. Ulvi K.s Betreuerin Gudrun Rödel hält dies für kein so großes Problem. Sie will nicht lockerlassen, bis geklärt ist, was dem Mädchen widerfahren ist. Sie fordert von der Polizei, endlich alle Details offenzulegen und weitere Zeugenaussagen ernst zu nehmen. Zum Beispiel fordert sie seit Jahren vehement, aufzuklären, „wer an dem 7. Mai 2001 mit dem Taxi nach Lichtenberg kam". Der Mann soll das Haus von Peggy und ihrer Familie angesteuert haben.

Die Möglichkeit, „dass Peggy im familiären Umfeld zu Tode gekommen ist", sei von der Polizei gänzlich ausgeschlossen worden, kritisierte Thomas Henning aus der Rechtsanwaltskanzlei Henning, die Ulvi K. vertritt. Es sind also noch viele Fragen in dieser undurchsichtigen Geschichte offen. Wer den Fall Peggy wirklich lösen will, der muss aber erst durchs Höllental gehen.

Die Chronik des Falls Peggy

7. Mai 2001: Peggy wird letztmals in Lichtenberg gesehen. Am Abend meldet ihre alleinerziehende Mutter sie als vermisst. Eine große Suchaktion, sogar mit Tornados und Spürhunden, beginnt.

Februar 2002: Herbert Manhart, Leiter der Sonderkommission „Peggy", geht in den Ruhestand, Bayerns Innenminister Günther Beckstein setzt die Soko „Peggy II" unter Kriminaldirektor Wolfgang Geier ein.

Oktober 2002: Die Polizei nimmt den 24-jährigen geistig behinderten Gastwirtssohn Ulvi K. fest. Er soll Peggy ermordet haben, um einen sexuellen Missbrauch an ihr zu vertuschen. Die Manhart-Kommission hatte ihn als Täter jedoch ausgeschlossen.

7. Oktober 2003: Vor dem Landgericht Hof beginnt der Mordprozess gegen Ulvi K. Er platzt nach fünf Verhandlungstagen wegen fehlerhafter Besetzung der Strafkammer. Wolfgang Geier wird zu diesem Zeitpunkt Leiter der Kriminaldirektion Nürnberg.

11. November 2003: Der Prozess gegen Ulvi K. beginnt erneut.

30. April 2004: Ulvi K. wird nach 26 Sitzungstagen zu lebenslanger Freiheitsstrafe verurteilt.

27. Oktober 2010: Ein Belastungszeuge widerruft vor einem Richter seine frühere Aussage, Ulvi K. habe ihm den Mord an Peggy gestanden. Dies sei falsch.

19. Juli 2012: Nach Medienberichten auch der Nürnberger Nachrichten über die Ungereimtheiten nimmt die Staatsanwaltschaft Bayreuth eigene Ermittlungen auf.

4. April 2013: Die Verteidigung von Ulvi K. übergibt 2000 Seiten mit dem Wiederaufnahmeantrag.

20. November 2013: Die Staatsanwaltschaft Bayreuth befürwortet ein Wiederaufnahmeverfahren, kurz darauf auch das Landgericht Bayreuth.

10. April 2014: Der neue Prozess beginnt in Bayreuth.

28. April 2014: Die Polizei durchsucht in Lichtenberg ein Wohnhaus. Es gibt drei neue Tatverdächtige, die Kontakt zu Peggy vor ihrem Verschwinden hatten.

14. Mai 2014: Das Gericht in Bayreuth spricht Ulvi K. „aus tatsächlichen Gründen" frei.

18. Februar 2015: Die Staatsanwaltschaft Bayreuth stellt ihre Ermittlungen gegen die drei neuen Tatverdächtigen wieder ein.

4. Juli 2016: Spektakuläre Wende: In einem Waldstück in Thüringen werden Knochenstücke gefunden, die zu Peggy gehören.

13. Oktober 2016: Es wird bekannt, dass bei Peggys sterblichen Überresten DNA-Spuren des NSU-Terroristen Uwe Böhnhardt gefunden wurden.

8. März 2017: Die Böhnhardt-Spur erweist sich als „Trugspur". Sie wurde durch unreine Mess-Instrumente der Thüringer Polizei übertragen.

11. September 2018: Ermittler durchsuchen das Anwesen von Martin F. im Landkreis Wunsiedel und das Wohnhaus seiner Mutter in Lichtenberg. Er hatte am Tag von Peggys Verschwinden mit seiner Mutter in Lichtenberg Blumen umgetopft. An Peggys Leiche waren winzige Torfspuren gefunden worden, die zu S. führten.

11. Dezember 2018: Es ergeht Haftbefehl gegen F. wegen des Verdachts des Mordes an Peggy Knobloch. F. gesteht, Peggys Leiche in das Waldstück in Thüringen gebracht zu haben. Später widerruft er sein Geständnis.

22. Oktober 2020: Das Ermittlungsverfahren gegen F. wird eingestellt. Er ist nicht mehr verdächtig. Die Akten im Fall Peggy werden geschlossen.

6. April 2022: Peggy wird an ihrem 20. Geburtstag (1992 geboren) an einem unbekannten Ort beerdigt.

Raubmord im Dampfnudelbäck

HINWEISE AUS DER UNTERWELT.
von Roland Englisch

In Nürnberg ermordet ein Unbekannter eine Kellnerin, kaltblütig und grausam. Jahre später steht ein Berliner deswegen vor Gericht. Doch es gibt keine einzige Spur, die ihn tatsächlich belastet.

Es ist ein grauer Novembertag. Schneeregen weht durch die Gassen der Nürnberger Altstadt, die Temperatur liegt um den Gefrierpunkt. Kein Wetter für einen Altstadtbummel. Karin Müller (alle Namen geändert) hat mit ihrer Kollegin und der Köchin eine ruhige Schicht im Café Dampfnudel-Bäck, die wie immer um 16 Uhr begonnen hat. Um halb zwölf tummeln sich nur noch wenige Gäste im Café. Gegen Mitternacht kassiert Müller die letzten ab und schließt das Café ab. Routine.

Um halb eins ist die Köchin durch mit Aufräumen. Sie verabschiedet sich von Karin Müller, schließt die Tür zum Hof und geht. Müller muss nur noch die Tageseinnahmen ins Büro bringen, alles in allem 2027 D-Mark, etwa tausend Euro. Dann hat sie frei. Ihr Freund, sagt sie der Köchin, werde sie abholen. Es ist der 29. November 1985, am nächsten Tag wird das Christkind seinen Prolog am Nürnberger Christkindlesmarkt sprechen und die Stadt in vorweihnachtliche Stimmung versetzen. Dann sind die gemächlichen Abendschichten in der Altstadt erst einmal vorbei.

Für Polizeibeamte und Helfer ist es der größte Alptraum und immer ihre Angst, wenn sie ausrücken: Dass sie am Ort des Geschehens auf Angehörige als Opfer treffen, auf Freunde, auf Menschen, die sie kennen, manchmal auch lieben. Sie wappnen sich innerlich dagegen, so gut es geht.

Angela Scholz hat diesen Schutzwall nicht, als sie an ihrem Arbeitsplatz eintrifft; sie ist auf nichts vorbereitet als auf einen normalen, ruhigen, langweiligen Arbeitstag. Die Putzfrau sperrt kurz nach sechs die Tür zum Café auf. Und merkt sofort, dass etwas nicht stimmt. Es ist kalt in den Räumen, es zieht. Sie geht nach hinten, in die Backstube. Und findet Karin Müller vor der offenen Tür zum Hof in einer Blutlache. Blutspritzer, Knochensplitter, Gewebestücke bedecken den Boden und die Wände. Für die 27-Jährige kommt jede Hilfe zu spät. Karin Müller ist tot, ermordet. Doch von wem?

Eine Antwort hat die Polizei nicht. Es gibt keine Zeugen, kaum verwertbaren Spuren. Die DNA-Analyse, heute Standardverfahren auch bei einfachen Straftaten, steckt 1985 noch in den Kinderschuhen. Erst ein Jahr zuvor hat der Brite Alec John Jeffreys den genetischen Fingerabdruck durch Zufall entdeckt. Doch bis deutsche Gerichte ihn als Beweismittel akzeptieren, werden noch drei Jahre vergehen. Deshalb suchen die Tatortspezialisten akribisch nach allem Verwertbaren. Aber nicht nach genetischen Spuren, die sich in Haaren finden, in Hautschuppen, Blut, Speichel.

Sie finden: ein deformiertes Projektil und eine Patronenhülse. Sie finden nicht: die Tageseinnahmen des Cafés, Fingerabdrücke, die sich Fremden zuordnen lassen, weitere verwertbare Spuren. Sie können den Tatablauf rekonstruieren. Eine Idee aber, wer hinter dem Verbrechen steckt, haben sie nicht, nicht einmal eine Ahnung.

Es dauert Tage, bis die Kriminaltechniker alle Spuren ausgewertet haben und der Leichnam von Karin Müller obduziert ist. Um Mitternacht herum, so viel steht danach fest, hat sie das Lokal zugesperrt. Wie die Routine es vorschreibt, hat sie die Tageseinnahmen gezählt und in ein Couvert gesteckt. Sie hat den Umschlag in ihre Handtasche gestopft, ihren Mantel aus dem Abstellraum auf der anderen Hofseite geholt. Das Geld sollte sie im ersten Stock im Büro deponieren.

Die Fahnder glauben, dass ihr Mörder zu den letzten Gästen im Lokal gehört hat. Er habe, sagen sie, sich einschließen lassen, vielleicht auf der Toilette. Als die Kellnerin über den Hof gegangen ist, habe er in ihrer Handtasche nach dem Umschlag gegriffen. Dabei habe ihn die 27-Jährige, schon im Mantel, überrascht, die Waffe in seiner Hand gesehen und versucht, über den Hof zu fliehen.

Sicher ist, dass der Täter ihr in den Rücken geschossen hat. Die Kugel durchschlägt Lunge und Brust. Karin Müller stürzt auf dem Hof, doch tot ist sie nicht. Die Ermittler gehen davon aus, dass sie das Gesicht ihres Mörders gesehen hat. Und sie glauben, dass er nochmals feuern wollte, die Waffe aber eine Ladehemmung hatte.

Der Gerichtsmediziner wird später notieren, dass der Schuss in den Rücken nicht tödlich gewesen ist, und dass das Opfer mit einem stumpfen Gegenstand erschlagen worden ist. Was der Gegenstand war, kann er nicht sagen. Er kann nicht ausschließen, dass es sich um eine Pistole gehandelt haben könnte. In jedem Fall war es ein unregelmäßig geformter Gegenstand.

Zwischen zehn und 15 Schläge prasselten auf den Kopf der 27-Jährigen ein, zertrümmerten Schädeldecke und Gehirn. Doch das Herz von Karin Müller hat weitergeschlagen und das Blut durch den Körper gepumpt, bis sie aus ihren Kopfverletzungen verblutet ist. Der Forensiker legt ihren Todeszeitpunkt auf die Stunden zwischen halb ein Uhr und vier Uhr fest.

Dass die Polizei auch nach Tagen noch keinen Tatverdächtigen benennen kann, alarmiert die Menschen in der Altstadt. Zwar haben die Ermittler die meisten Gäste des Dampfnudel-Bäck identifiziert und befragt. Drei Menschen aber können sie nicht zuordnen: ein Pärchen und einen jungen blonden Mann. Er vor allem rückt in den Fokus der Fahnder. Der Unbekannte war der Köchin kurz vor der Sperrstunde im Flur begegnet. Er habe, sagt sie aus, erschrocken gewirkt. Sie wollte das Karin Müller noch erzählen. Doch das habe sie vergessen.

Der Mann passt ins Bild der Fahnder. Eine Nachbarin hat vom Fenster aus beobachtet, wie er um halb eins herum den Burgberg hinab gerannt war. Vier Nachtbummler haben ihn ebenfalls gesehen, er wäre um ein Haar in ihre Gruppe gelaufen. Alle beschreiben ihn als um die Mitte zwanzig bis Anfang dreißig mit langen, gelockten, blonden Haaren. Allein, er bleibt verschwunden.

Die Brutalität des Verbrechens legt nahe, dass es kein gewöhnlicher Raubüberfall gewesen sein kann. Aus Patrone und Hülse schließt die Polizei auf eine Walther PP oder PPK, 7,65 Millimeter. Weil niemand den Schuss gehört hat, in den engen Gassen der Altstadt kaum vorstellbar, vermutet sie, dass ein Schalldämpfer aufgeschraubt war. Auch das lässt auf die Skrupellosigkeit des Täters schließen: Wer eine Waffe mit Schalldämpfer nimmt, rechnet damit, dass er sie auch benutzen wird und plant den Mord ein. Jedes Gericht wertet einen Schalldämpfer als strafverschärfend, weil als Mordkriterium, der Heimtücke wegen.

Angst macht sich in der Altstadt breit. Die Bedienungen fürchten um ihr Leben, die Nachtschichten, sonst wegen des Trinkgelds begehrt, gelten plötzlich als Alptraum. Mehrere Kneipenwirte organisieren einen Begleitschutz durch private Sicherheitskräfte für ihre Mitarbeiterinnen. Doch es passiert nichts, kein zweiter Überfall, keine heiße Spur, kein weiteres Verbrechen. Allmählich beruhigt sich die Stimmung am Burgberg. Die Polizei geht unterdessen allen möglichen Ideen nach bis hin zu der vom durchgereisten Täter. Dann verschwindet der Fall aus der öffentlichen Wahrnehmung.

Hans-Peter Weber ist das, was man einen Berufsverbrecher nennen könnte. Kurz nach dem Ende des Zweiten Weltkriegs kommt er im August 1945 in Berlin auf die Welt. Es sind harte, brutale Zeiten, geprägt von bitterer Armut und Zerstörung, in denen er aufwächst. Trotz einer Ausbildung zum Möbelschreiner gerät er bald auf die schiefe Bahn. Immer wieder steht Hans-Peter Weber vor Gericht, wegen Raubes, Körperverletzung, Diebstahl, Einbruch, schließlich sogar wegen fahrlässiger Tötung. Als er 40 wird, hat er 21 Urteile auf dem Konto und mit 23 Jahren mehr als die Hälfte seines Lebens hinter Gitter verbracht.

Geläutert hat ihn nichts. Weber findet nicht in die richtige Spur, er will da auch nicht hin. Hans-Peter Weber nennt sich einen „Meisterdieb", er ist stolz auf seine kriminelle Karriere, die ihn quer durch die Republik geführt hat. Auch nach Bayern. Auch nach Mittelfranken. Nach Wendelstein. Und nach Nürnberg. Doch Weber ist nicht mehr jung, er ist Brillenträger, nicht blond, seine Haare sind kurz, dunkel und glatt und schütter. Er ist nicht im Fokus der Fahnder. Und gemordet hat er nie.

Monate verstreichen, ohne dass die Fahnder einen Millimeter vorangekommen sind. Dann meldet sich das Bundeskriminalamt bei der Mordkommission. Dessen Spezialisten untersuchen routinemäßig Projektil und Patronenhülse aus Nürnberg, so, wie sie es bei jedem ungeklärten Verbrechen tun. Und werden in ihren Datenbanken fündig. Sie können die Walther PPK identifizieren als ausgemusterte Waffe der Berliner Polizei. Und sie ordnen die Pistole einem weiteren unaufgeklärten Verbrechen zu, das kurz vor dem Nürnberger Mord im Sommer 1985 das Berliner Raubdezernat beschäftigt hat.

Ein Unbekannter hatte in die Schaufenster zweier Juweliergeschäfte am Kurfürstendamm und in Hermsdorf geschossen und durch die Einschusslöcher Schmuck im Wert von rund 14 000 Mark, knapp 7000 Euro, geangelt. Die Waffe: jene Walther PPK 7,65 mm, die nur zehn Wochen später in Nürnberg einen Menschen das Leben kosten wird.

Die Polizei hebt die Belohnung für Hinweise auf 15 000 Mark an, rund 7500 Euro, und macht im November 1986, knapp ein Jahr nach dem Dampfnudel-Bäck-Mord, den Fall über die ZDF-Sendung „Aktenzeichen XY... ungelöst" bundesweit bekannt, inklusive Fotos vom Schmuck aus den Überfällen auf die Juweliergeschäfte. 35 Hinweise gehen ein. Doch der eine entscheidende ist nicht dabei.

Es ist kurios, wie weit die Polizei kommen kann bei ihren Ermittlungen. Und wo sie dann scheitert. Denn die Fahnder verfolgen den Weg der Walther PPK. Sie vollziehen nach, wie die Berliner Polizei sie ausgemustert und über ihr Beschaffungsamt mit anderen Waffen an Waffenhändler abgegeben hat. Wie die auch diese Pistole unbrauchbar gemacht haben, ehe sie die PPK als Dekowaffe weiter verkaufen konnten. Ein bis heute so übliches wie umstrittenes Verfahren. Denn immer wieder tauchen Dekowaffen bei Kriminellen und bei Verbrechen auf, die Fachkundige ohne großen Aufwand scharf gemacht hatten.

Die Polizei geht davon aus, dass die Walther PPK, die das Schicksal von Karin Müller besiegelt hat, ihren Weg von Berlin in die Oberpfalz und zurück gefunden hat. In der heutigen Bundeshauptstadt soll sie ein Hehler rückgebaut, mit einem Schalldämpfer versehen und weiter verkauft haben. In den 1980er Jahren ist Berlin noch geteilt.

Insgesamt weisen die Fahnder dem Westberliner Hehler 34 illegale Pistolenverkäufe nach. 15 Waffen spüren sie auf, die Walther PPK ist nicht darunter. Der Hehler schweigt, auch ein halbes Jahr Untersuchungshaft macht ihn nicht redewillig. Selbst als die Fahnder ihm den Mordfall Karin Müller beschreiben, gibt er keinen seiner Kunden preis. Schließlich kommt der Mann gegen Kaution auf freien Fuß. Die Ermittler stecken in der Sackgasse. Die hoffnungsvolle Spur ist kalt.

Ein Jahr bewegt sich nichts. Dann bekommen die Ermittler einen Tipp aus der Berliner Unterwelt. Von wem genau, ist offen. Manche vermuten, es sei der Berliner Waffenhehler gewesen, den die Belohnung gereizt haben könnte. Doch der Name des Informanten taucht nie auf, niemand sagt, wer es war.

So oder so: Der Berliner Hinweis führt zu Harald Pfahl, einem 36 Jahre alten und vorbestraften Westberliner, der später noch eine besondere Rolle spielen wird. Pfahl packt aus, gesteht die Überfälle auf die beiden Juweliergeschäfte und beschreibt den überraschten Fahndern, wo die Waffe abgeblieben sei. Dass er dafür straffrei ausgehen und die Belohnung kassieren wird, dürfte ihm sein Geständnis deutlich erleichtert haben. So etwas lockert die Zunge. Und so etwas ist umstritten.

Ein Freund, sagt Pfahl der Polizei, habe ihm einen Abnehmer für die Waffe vermittelt. Der Name des Abnehmers: Hans-Peter Weber. Weber und der Freund Pfahls hatten in einer Zelle des Berliner Gefängnisses gesessen. Beide waren Freigänger und durften zwischendurch die Haftanstalt verlassen. Pfahl erzählt, wie Weber ihm in dieser Zeit die Pistole abgekauft habe, samt Munition und Schalldämpfer, für 2500 Mark, knapp 1250 Euro.

Die Fahnder sind elektrisiert. Das Melderegister spuckt aus, dass Weber im Oktober 1985 aus der Haft entlassen worden und nach Mittelfranken gezogen ist. Dass er erst in Wendelstein gelebt hat und ab 1. November 1985 am Albrecht-Dürer-Platz in der Nürnberger Altstadt. Von dort sind es nur hundert Meter bis zum Café Dampfnudel-Bäck, kaum mehr als ein Steinwurf. Im Februar 1986 ist er ins oberbayerische Rottach-Egern am Tegernsee umgezogen.

Dort müssen die Mordermittler nicht lange nach ihm suchen. Hans-Peter Weber sitzt mal wieder im Gefängnis. Er hatte in einem Hotel angeheuert, dort reihenweise die Gäste bestohlen, war aufgeflogen. Als die Polizei ihn nach einer Anzeige des Hoteliers vor Ort festnahm, war er bewaffnet, allerdings nicht mit der Walther PPK, sondern einer Luger 08 neun Millimeter Parabellum. Die Weltkriegswaffe, sagt er aus, habe er in einem der Hotelzimmer gefunden, eine Geschichte, die er später noch abändern wird.

Die Fahnder zeigen ihm den Haftbefehl des Nürnberger Ermittlungsrichters. In Nürnberg nehmen sie ihn in die Mangel. Doch der 42-Jährige erweist sich als „ausgekochter Bursche", wie einer der Kripobeamten erzählt. Bei seinem Vorstrafenregister kein Wunder. Weber bestreitet die Tat vehement. Und er räumt nur ein, was die Ermittler ohnehin wissen könnten. Er sagt, dass er in seiner Nürnberger Zeit natürlich die Altstadtkneipen besucht habe. Er sagt, dass er auch ein paar Mal im Dampfnudel-Bäck gewesen sei und Karin Müller als freundliche, „sympathische Frau" erlebt habe. Er schließt nicht einmal aus, dass er am Mordabend dort gewesen sein könnte. Aber Karin Müller töten? Ausgeschlossen. Ein Mörder? Auf gar keinen Fall.

Auch für die Walther PPK hat er eine Geschichte parat. Dass er sie gekauft hat, bestreitet er gar nicht erst, dafür gibt es einen Zeugen. Er habe sie gebraucht, sagt er, weil er sich bedroht gefühlt habe. 1973 hat Hans-Peter Weber einen italienischen Staatsbürger versehentlich erschossen. Ein Gericht verurteilte ihn wegen fahrlässiger Tötung zu einer Haftstrafe. Er habe sich die Walther aus Angst vor der Rache der Familie des Italieners zugelegt, sagt er seinen Vernehmern.

Eine Waffe als Häftling? Die Kontrollen für Freigänger seien praktisch nicht vorhanden gewesen in der Westberliner JVA, sagt er. Er habe Waffe, Schalldämpfer und Munition einfach mit in seine Zelle genommen und dort versteckt. Später aber will er sie weiter verkauft haben an einen Unbekannten, weil sie nicht richtig funktioniert habe. Diesmal will er sich die Luger besorgt haben, noch bevor er in den Nürnberger Raum gezogen war.

Die Fahnder sind sich sicher, dass Weber lügt. In der Hand gegen ihn haben sie: nichts. Es gibt keine Spur am Tatort, die sich ihm zuordnen ließe. Von den 58 Haaren, die sie gesichert haben an einem blutigen Handtuch neben der Toten, lassen sich 56 Karin Müller zuordnen, zwei nicht. Sie stammen von einem Menschen mit der Blutgruppe A, das können die Forensiker in jenen Tagen bestimmen. Webers Blutgruppe ist Null. Es gibt keine Zeugen, die ihn gesehen haben, nicht im Lokal, nicht auf der Straße davor, nicht in den Stunden vor oder nach dem Mord, nicht einmal irgendwo in der Altstadt. Es gibt nur Harald Pfahl, der Weber belastet, einen vorbestraften Ex-Knacki.

Weber selbst ist kein unbeschriebenes Blatt. Seine Akte ist dick. Schon als Kind hat er geklaut; er hat Jahre im Erziehungsheim verbracht, weiter gestohlen, Haftstrafe auf Haftstrafe angehäuft. Immer wieder stoßen Polizeibeamte bei ihm auf Waffen. 1972 eröffnet er in Berlin ein Bordell, kauft sich eine Pistole, um, wie er behauptet, „die Mädchen zu schützen". Mit ihr erschießt er versehentlich den Italiener und muss erneut ins Gefängnis. 1981 verschwindet er während eines Hafturlaubs, stiehlt zwei Pässe und setzt sich unter falschem Namen nach Südafrika ab.

Dort kauft er sich eine Pistole, „wegen der Schwarzen", sagt er. Er findet Arbeit, doch als sein Chef ein Führungszeugnis anfordert, flüchtet er nach Deutschland – nach eigener Aussage mit der Waffe im Gepäck. Zuhause stiehlt er ein Auto, baut einen Unfall, die Polizei erkennt ihn als geflüchteten Knacki und bringt ihn erneut ins Gefängnis. Das er diesmal erst 1985 wieder verlassen wird.

Die Fahnder sind sich absolut sicher, dass sie den richtigen Mann haben. Für sie passt alles, Zeitpunkt, Motiv, Gelegenheit, die Vita, das Verhalten. Sie schätzen Weber als skrupellos und brutal genug ein für einen Mord. Und sie wissen, dass er die Waffe hatte. Auch wenn die verschwunden ist. Sie wollen Weber vor Gericht sehen, ihn bestraft sehen für den Mord an Karin Müller. Also tragen sie das zusammen, was sie haben und legen es dem Staatsanwalt vor. Der entscheidet sich tatsächlich für eine Anklage. Es dauert allerdings noch zwei Jahre, bis Hans-Peter Weber vor seine Richter treten muss.

Mord ist ein Vorwurf, der rechtlich komplex ist. Die Richter müssen eine Reihe von Kriterien überprüfen. Sie müssen beantworten, ob die Tat heimtückisch war, das Opfer arg- und wehrlos gewesen ist, das Verbrechen grausam war und der Täter mit Vorsatz handelte. Sie müssen klären, ob der Mord eine Straftat verdecken sollte, ob Habgier die Triebfeder war oder niedere Beweggründe eine Rolle spielten, Rache etwa, Hass oder Eifersucht.

Beim Tod von Karin Müller sind die Antworten auf den ersten Blick offensichtlich. Doch das sind sie in Wahrheit nie. Was ist mit dem Freund, der sie angeblich abholen wollte? Was mit dem Ex, der in jener Nacht in einer Klinik lag, dort aber hätte verschwinden können? Was mit dem unbekannten Blonden? Was mit Weber, auf den nichts am Tatort hinweist? Und wie verlässlich ist Harald Pfahl, wie Weber vorbestraft und dessen Hauptbelastungszeuge?

Als im November 1989, vier Jahre nach dem Mord, der Vorsitzende Richter Adolf Kölbl am Nürnberger Landgericht den Prozess beginnt, ist ihm klar, was da für eine Aufgabe vor ihm liegt. Er muss einen Indizienprozess führen, ein Puzzle aus winzigen und höchst ungenau ausgeschnittenen Teilchen zusammensetzen. Am Ende sollen er und seine vier Mitstreiter entscheiden, ob Hans-Peter Weber nicht nur das Zeug zu einem Raubüberfall gehabt hätte, angesichts seiner Vita naheliegend, sondern auch zu einem Mord.

Es wird ein zäher Kampf um die Wahrheit. An 25 Tagen verhandelt die Spruchkammer, ein halbes Jahr braucht sie, bis sie genug Klarheit sieht für eine Entscheidung. Bis sie entscheiden kann, ob die Beweise ausreichen und Weber schuldig ist. Oder dass er aus Mangel an Beweisen und im Zweifel für den Angeklagten freigesprochen wird.

Natürlich bestreitet Hans-Peter Weber von Anfang an, dass er mit dem Mord etwas zu tun gehabt habe. Es ist sein gutes Recht. Angeklagte müssen sich nicht selbst belasten. Sie müssen nicht einmal die Wahrheit sagen, dürfen im Gegenteil lügen. Es ist Sache der Staatsanwälte und der Polizei, dass sie ihnen ihre Schuld nachweisen.

Die Richter hören ihm zu, wie er sein verkorkstes Leben schildert. Wie er beschreibt, dass er die Walther PPK gekauft, später aber mit Aufpreis gegen die Luger 08 eingetauscht habe. Wie er nach Nürnberg gekommen ist. Dass er häufiger im Café Dampfnudel-Bäck gewesen sei. Und dass er erst Tage danach vom Mord dort erfahren habe.

Der Staatsanwalt konzentriert sich vor allem auf Harald Pfahl. Er ist der Einzige, der Weber belasten kann. Es gibt Zeugen aus dem Café, die sich an den blonden Mann erinnern, den auch die Köchin gesehen hatte. Doch vier Jahre nach dem Mord wiegen ihre Aussagen nicht mehr allzu viel. Sie können nicht sicher sagen, ob der blonde Mann der Angeklagte ist. Andere widersprechen sich, ob im Café in der Nacht noch Licht gebrannt habe oder nicht.

Pfahl also. Auch er ist mehrfach vorbestraft, hat sechs seiner 36 Jahre hinter Gittern verbracht. Zuletzt verurteilte ihn ein Berliner Gericht zu zwei Jahren auf Bewährung wegen illegalen Waffenbesitzes und Anstiftung zum Mord. Er wollte mit einem Freund einen Berliner Bauunternehmer töten, eine Auftragsarbeit, die gescheitert ist.

Fünfmal muss Pfahl in den Zeugenstand. Fünfmal erzählt er eine andere Geschichte. Mal ist die Walther PPK gar keine Walther, sondern eine tschechische Ceska. Mal hat er sie Weber direkt verkauft, mal über einen Mittelsmann. Keine seiner Versionen stimmt mit der vorherigen überein. Am Ende nimmt ihn das Gericht in Beugehaft, weil er nicht verraten will, von wem er selbst die Waffe bekommen hatte. Er müsse um sein Leben und das seiner Familie fürchten, sollte er den Namen preisgeben, sagt er.

Das Gericht lässt einen Berliner Kripobeamten und einen Berliner Staatsanwalt anreisen. Sie berichten, es habe in jener Zeit eine ganze Serie schwerster Verbrechen mit umgebauten Pistolen des Typs Walther PPK gegeben, darunter drei bis dato ungeklärte Morde. Die Beamten wissen, wen Pfahl meint: einen Hehler, der nach ihren Erkenntnissen vor allem die rechtsextreme Szene beliefert. Nachweisen konnten sie ihm den Deal mit Pfahl allerdings nicht.

Das Gericht lädt auch diesen Mann vor, einen 47-jährigen Maurer aus Berlin. Der beteuert, er habe nie mit Waffen gehandelt. Harald Pfahl sei ihm noch nie begegnet, er kenne ihn gar nicht. Er wiederholt alles unter Eid. Und wird dafür verhaftet.

Das ist die Gemengelage, die die Verteidiger von Hans-Peter Weber vorfinden. Sie fahren eine Doppelstrategie. Sie versuchen alles, was die Glaubwürdigkeit des Hauptbelastungszeugen erschüttern könnte. Und sie präsentieren eine ganze Reihe potenzieller anderer Täter.

Dazu zählt der unbekannte Blonde. Aber auch der Ex-Freund des Mordopfers. Wenige Wochen vor der Tat hatten sich die beiden getrennt. Freundinnen schildern den Ex als extrem eifersüchtig. Er habe Karin Müller keinerlei Freiraum gelassen. Selbst handgreiflich sei er geworden. Die Polizei hatte ihn kurz als tatverdächtig im Visier. Weil er aber zur Tatzeit in einer Nürnberger Klinik lag, verwarfen sie den Ansatz wieder.

Webers Verteidiger nicht. Der Ex hätte, das räumt auch das Klinikpersonal ein, durchaus unbemerkt aus seinem Zimmer verschwinden können für die Zeit des Mordes, auch wenn die Wahrscheinlichkeit dafür gering sei. Die Verteidiger wollen ihn in den Zeugenstand holen. Doch der Mann ist weg, lebt in Spanien, ist nicht erreichbar.

Die Anwälte präsentieren einen zweiten Verdächtigen, den damaligen Freund von Karin Müller. Auch seine Rolle ist obskur. Freunde hatten ihn als unzuverlässig beschrieben und als hoch verschuldet. Er kann in seinen Vernehmungen nicht schlüssig erklären, warum er Karin Müller an jenem Abend nicht wie versprochen abgeholt hatte. Er sei erst bei seinen Eltern gewesen, dann nachts in der Wohnung Müllers. Als sie nicht nach Hause kam, sei er eine Stunde durch die nächtliche Altstadt gelaufen. Warum er nicht am nahe gelegenen Café nach ihr gesehen hat, kann der Mann nicht sagen.

Selbst einen Ortstermin nimmt das Gericht wahr. Es besichtigt das Dampfnudel-Bäck, während das Lokal geöffnet ist. Mehr als ein Dutzend Richter, Beamte und Anwälte drängen sich in die Backstube. Sie lassen sich vom Gerichtsmediziner erklären, wo Karin Müller gestorben ist und hören, dass sie sich nach den Schlägen entweder noch selbst bewegt oder ihr Mörder sie umgedreht habe.

Viermal schließt das Gericht die Beweisaufnahme, viermal plädieren Verteidiger und Staatsanwalt, viermal steigt das Gericht wieder in die Beweisaufnahme ein. Nach 24 Verhandlungstagen liegt endlich alles auf dem

Tisch. Die Staatsanwaltschaft fordert lebenslang wegen Mordes, für sie sind die Indizien eindeutig, steht fest, dass Weber die 27-Jährige ermordet hat. Die Verteidiger fordern einen Freispruch, auch, weil sie den Hauptbelastungszeugen für absolut unglaubwürdig halten, dessen Aussagen ein einziger Widerspruch in sich gewesen seien. Dann spricht der Vorsitzende Richter Adolf Kölbl sein Urteil.

Auf den Gerichtsfluren laufen die Wetten eins zu eins. Die Hälfte der Anwälte und Prozessbeobachter glaubt nicht an einen Schuldspruch. Zu dünn die Beweislage, zu zweifelhaft die Zeugen, zu unklar, ob Weber der Mörder ist. Im Zweifel für den Angeklagten. Die andere Hälfte hegt diese Zweifel nicht. Auch ohne einen einzigen direkten Beweis hält sie Weber für schuldig.

Und Adolf Kölbl? Ihn und seine vier Kollegen plagen keine Zweifel. Sie verurteilen Hans-Peter Weber wegen Mordes zu lebenslanger Haft. Webers Vita zeige, dass er zu Gewalt bereit war, begründet Kölbl das Urteil. Ausschlaggebend aber ist die Walther PPK, deren Besitz Weber nicht abgestritten hat. Dass er sie aber sofort wieder weiterverkauft habe, glauben ihm die Richter nicht. Eine reine Schutzbehauptung, sagen sie.

Dass der wichtigste Zeuge das Gericht permanent belogen hatte, irritiert die Richter nicht. „Es gibt keinen Menschen, der immer lügt", sagt Kölbl, „genauso, wie es niemanden gibt, der immer die Wahrheit sagt." Vor allem sieht die Spruchkammer keinen Grund, warum Harald Pfahl den Angeklagten falsch beschuldigen sollte. Er selbst kann nicht der Mörder gewesen sein, weil er zur Tatzeit in einem Berliner Gefängnis eingesessen hatte. Lebenslang also, ein Urteil, das später der Bundesgerichtshof bestätigen wird, weil er keine Revision zulässt.

Die Geschichte von Hans-Peter Weber ist damit noch nicht zu Ende erzählt. Noch in der Nürnberger JVA heiratet er eine ehemalige Lehrerin aus Berlin, die Kontakt zu ihm aufgenommen hatte. Weber kommt nach Berlin-Tegel in die dortige Justizvollzugsanstalt, in seine Heimatstadt und in die Nähe seiner Frau.

Was folgt, ist abenteuerlich. Seine Frau schmuggelt 10 000 Mark ins Gefängnis, rund 5000 Euro. Weber besticht mit dem Geld einen Gefängnismitarbeiter – wen, kommt nie heraus. Der leiht ihm seinen Generalschlüssel.

Webers Frau nimmt den Schlüssel mit nach draußen und lässt bei einem stinknormalen Schlüsseldienst eine Kopie anfertigen. Die bringt sie Weber, der das Original zurückgibt.

Weber kommt mit dem Schlüssel in die Gefängniswerkstatt, zimmert sich, gelernt ist gelernt, eine Leiter. Sperrt sich den Weg in den Hof auf. Und klettert mit der Leiter auf die sieben Meter hohe Gefängnismauer. Auf der anderen Seite seilt er sich mit einer Gardine ab. Und ist weg. Ein Wachmann hat ihn zwar noch gesehen. Doch dessen Gewehr hat eine Ladehemmung.

Auf der Flucht veröffentlicht Weber eine Presseerklärung, er sei ausgebrochen, weil er nach Beweisen für seine Unschuld suche. Die Polizei allerdings vermutet, dass er sich an Harald Pfahl rächen will. Vielleicht ist er auch auf dem Weg nach Nürnberg, niemand weiß es. Ein halbes Jahr bleibt Weber verschwunden.

Dabei kommen die Fahnder ihm immer wieder auf die Spur. Weber bestiehlt auf seiner Flucht reihenweise Menschen. Er nimmt ihre Namen an, reist mit ihren Pässen, knackt Autos, betrügt Hoteliers und Gastwirte. Mehrfach ist die Polizei ganz nahe dran, in Hamburg, Paris, Prag, Brüssel, Süddeutschland, Berlin. Immer wieder entwischt er. Bis ein Sonderkommando ihn in Mecklenburg-Vorpommern überrascht. Weber hatte sich in Waren am Müritzsee ein Ferienhaus gemietet. Das Kommando ist schnell und effektiv. Weber kommt nicht mehr an seine Pistole und auch nicht an die abgesägte Schrotflinte, die in der Wohnung liegen.

Zum letzten Mal steht Hans-Peter Weber vor Gericht. Zwei Jahre packen ihm die Richter auf seine ohnehin schon lebenslange Strafe drauf für die Diebstähle und Betrügereien. So sieht es das System vor. Die Flucht selbst ahnden sie nicht, sie ist in Deutschland straffrei – das Recht gesteht jedem Menschen den Drang nach Freiheit zu. Seine Frau muss eine Geldstrafe zahlen für die Fluchthilfe.

Es ist das letzte Kapitel im Dampfnudel-Bäck-Mord. Hans-Peter Weber sieht das Licht der Freiheit nie wieder. Er stirbt am 15. August 2011 im Gefängnis. Weber ist nur 64 Jahre alt geworden. Doch von diesen 64 Jahren hat er 43 hinter Gittern verbracht.

Der NSU

**WIE SICH DREI MÖRDER
UND TERRORISTEN HINTER
IHRER BÜRGERLICHEN FASSADE
VERSTECKEN KONNTEN.**
von Roland Englisch

Dreizehn Jahre leben Beate Zschäpe, Uwe Böhnhardt und Uwe Mundlos im Untergrund. Sie ermorden zehn Menschen. Doch die Polizei kommt ihnen nie auf die Spur.

Als die Druckwelle durch das Haus in der Zwickauer Frühlingsstraße 26 rast, ahnt noch niemand, dass sie die gesamte Nation erfassen wird. Zumindest das offizielle Deutschland ist ahnungslos. In einigen Geheimdienstzentralen allerdings springen wenig später die Schredder an, landen stapelweise Akten über verdeckte Operationen und V-Leute aus der rechten Szene im Orkus der Geschichte. Dort wissen sie durchaus, welche Sprengkraft sich in Zwickau gerade entlädt.

Die Explosion und das Feuer verwüsten die erste Etage des Hauses aus den 1930er Jahren. Die Wand zur Nachbarwohnung reißt auf, die Front der Eckwohnung stürzt in den Garten, Flammen lodern aus den Fenstern. Auf der Straße davor läuft eine junge Frau weiter, als sei nichts gewesen, an aufgeregten Nachbarn vorbei, drückt ihnen zwei Katzenkörbe in die Hand. Und verschwindet.

Per Zug fährt sie durch halb Deutschland, nach Chemnitz, Leipzig, Bremen, Eisenach, Halle an der Saale. Die letzte Etappe führt sie nach Jena, zurück nach Jena, jene Stadt, in der sie geboren wurde und aufgewachsen ist. Vier Tage sind seit der Explosion in Zwickau vergangen. Es ist der Abend des 8. November 2011, als die junge Frau auf eine Polizeiwache geht und sich den Beamten vorstellt als Beate Zschäpe, 36 Jahre alt, zuletzt wohnhaft in der Frühlingsstraße 26 in Zwickau, Freundin von Uwe Böhnhardt und Uwe Mundlos, gesucht wegen des Brandes in Zwickau.

Vier Tage zuvor in Eisenach: Um halb zehn stürmen zwei bewaffnete und maskierte Männer in die Wartburg-Sparkasse, lassen sich Bargeld einpacken und flüchten mit Fahrrädern. Die beiden haben die Ruhe weg. Es ist nicht ihrer erster Überfall und ihr Fluchtplan hat sich x-fach bewährt. Ein paar Häuserblocks weiter haben sie wie immer ein gemietetes Wohnmobil abgestellt. Sie radeln hin, deponieren die Räder im Fahrzeug und setzen sich in den Bus. Sie hören den Polizeifunk ab, sie wissen, dass die Polizei wie immer per Ringfahndung nach ihnen suchen wird, dass sie die Kontrollstellen aber irgendwann wird aufgeben müssen. Dann wollen sie losfahren, zurück nach Zwickau zu Beate Zschäpe.

Doch diesmal geht etwas schief: Ein Rentner hat sie auf ihrer Flucht beobachtet. Die Polizei spürt das Wohnmobil im Eisenacher Stadtteil Stregda auf, im Funk verfolgen die beiden Männer gegen 15 Uhr, dass Spezialkräfte auf dem Weg zu ihnen sind. Draußen gehen Streifenbeamte auf das Fahrzeug zu, da fallen drinnen zwei Schüsse. Dann brennt das Wohnmobil.

Später findet die Polizei im Brandschutt die Leichen von Uwe Böhnhardt und Uwe Mundlos. Mundlos, so ergibt die Rekonstruktion, hat zuerst seinem Freund mit einer Pumpgun den Kopf weggeschossen, das Feuer gelegt und anschließend sich selbst getötet. So hatten sie es mit Beate Zschäpe verabredet für den Fall, dass die Polizei sie stellt. Es ist das Ende des Nationalsozialistischen Untergrunds, der bis dahin unbekannten rechtsextremen Terrorzelle NSU.

Und es ist der Auftakt zu einem Kriminalfall, zu einem Politikum, das auch elf Jahre später die Gesellschaft bewegt. Bis heute sind viele Fragen offen, etwa die nach einem Helfernetzwerk; bis heute sind noch nicht alle

Verfahren abgeschlossen. Bis heute ist nicht klar, wieso die Behörden etliche V-Leute ins Umfeld des Trios hatten einschleusen können, nie aber erkannt haben wollen, mit wem sie es da zu tun hatten. Bis heute ist nicht klar, welche Rolle die Verfassungsschutzämter überhaupt gespielt haben, ob sie den NSU gewähren ließen und womöglich mit ihrem Geld erst möglich gemacht hatten.

Dass mit Beate Zschäpe eine der Schlüsselfiguren des NSU in U-Haft sitzt, ist der Generalbundesanwaltschaft schnell klar. Sie hat, das hat Zschäpe sofort eingeräumt, ein gutes Dutzend der Bekennervideos verschickt, auf denen Böhnhardt und Mundlos die Morde an neun Migranten und einer deutschen Polizistin dokumentiert haben, teils mit Fotos von den Tatorten, die nur sie selbst gemacht haben können. Es sind zynische Zeugnisse ihrer rechtsextremen Gesinnung. Sie verhöhnen ihre Opfer noch im Tod, alles unterlegt mit Szenen aus der Zeichentrickserie Paulchen Panther und mit deren Titelmelodie.

Für die Fahnder wird die DVD der Schlüssel. Sie haben aus der Zeit zwischen 2000 und 2007 zehn ungelöste Mordfälle auf dem Tisch liegen, drei Sprengstoffanschläge mit Dutzenden teils Schwerstverletzten, 15 Raubüberfälle. Zeitweilig arbeiten bis zu 400 Beamte in der „Besonderen Aufbauorganisation" Trio, kurz BAO Trio, weil der Fall viel zu komplex ist für normale Sonderkommissionen. Jetzt haben sie die Erklärung zu all den ungelösten Fällen.

Es gehört sicher nicht zu den stärksten Stunden der deutschen Polizeibehörden, dass sie die neun Morde an Migranten nie miteinander verbunden und der rechten Szene zugeordnet haben. Fast immer ermittelten sie im Umfeld der Opfer, nahmen sie Angehörige ins Visier, setzten sie bis an die Grenzen der Legalität und darüber hinaus unter Druck mit erfundenen Geschichten über die Opfer, vermuteten sie illegale Geschäfte der Ermordeten als Motiv für die Morde. In Nürnberg entstand der Begriff der Döner-Morde, heute zu Recht als rassistisch verurteilt. Döner-Morde ist das Unwort des Jahres 2011, dem Jahr, in dem der NSU aufgeflogen ist.

Tatsächlich bleibt rätselhaft, warum der NSU nie öffentlich die Verantwortung für die Mordanschläge übernommen hat. Wer Angst und Schrecken säen, wer Terror verbreiten will, muss den Taten einen Bezug geben, eine Adresse, einen Adressaten. Das haben die drei nicht getan. Beate Zschäpe könnte es vielleicht erklären. Doch sie hat nie gestanden, sondern immer bestritten, dass sie von den Morden gewusst habe.

Die Geschichte des NSU, der NSU selbst, zerfällt in zwei Teile. Da sind Böhnhardt und Mundlos, die mordend und raubend durchs Land gezogen sind. Ihre Schuld ist unstrittig. Und da ist Beate Zschäpe. Nichts deutet darauf hin, dass sie auch nur bei einem der Verbrechen dabei gewesen ist. Und doch ist ihre Rolle immens, hätte es den NSU ohne sie nicht gegeben.

Die Morde. Immer wieder fahren Böhnhardt und Mundlos wochenlang durch die Republik. Sie kundschaften potenzielle Ziele aus. Sie markieren auf hektografierten Stadtplänen, wo sich Synagogen finden, Büros linker Parteien, die Adressen von Bundestagsabgeordneten oder Repräsentanten türkischer und islamischer Organisationen. Sie arbeiten akribisch, detailversessen.

Im Schutt der ausgebrannten Zwickauer Wohnung finden sich die Pläne für 14 Städte mit 191 Objekten und Straßen. An den Rand haben die Attentäter notiert, welches Ziel sie für geeignet halten, welches eher nicht. Mal ist der Tatort zu gut gesichert, mal das Opfer zu alt. Auf Datenträgern stellen sie eine Liste mit 88 Namen samt Adresse zusammen, auf einem anderen eine mit mehr als zehntausend Adressen. Die Fahnder sichern im Schutt Zehntausende Euros in bar und in Bündeln, die sie den Banküberfällen zuordnen können. Dazu 20 Waffen bis hin zur Maschinenpistole, 2,5 Kilogramm Sprengstoff, 1600 Schuss Munition.

Schon im Wohnmobil hatten die Fahnder jede Menge Waffen gefunden, darunter die Dienstwaffe der ermordeten Polizistin und ihres schwerverletzten Kollegen, sowie drei Langwaffen und zwei weitere Pistolen. Die entscheidende Waffe aber liegt unter den Trümmern der Wohnung. Es ist eine tschechische Ceska CZ 83, Kaliber .32 ACP mit Schalldämpfer, Seriennummer 034678.

Sie ist die Verbindung zwischen allen Morden. Böhnhardt und Mundlos haben sie von Anfang an benutzt, zunächst damit den Nürnberger Blumenhändler Enver Simsek niedergestreckt, ein Zufallsopfer, zuletzt Halit Yozgat in seinem Kasseler Internetcafé. Nur bei der Polizistin Michèle Kiesewetter in Heilbronn wechselten die beiden Mörder zu anderen Pistolen. Den Tod der beiden Polizisten nehmen sie hin wie eine lästige Fliege. Sie wollen an ihre Dienstwaffen, die beiden Beamten sind ihnen egal.

Wer die Morde kennt und ihre Details, der sieht zweierlei: Anfangs waren Böhnhardt und Mundlos noch unsicher, später absolut skrupellos. Auf Enver Simsek feuerten sie zahllose Schüsse ab, vermutlich von der Tür seines Lieferwagens aus. Er ist ein Zufallsopfer, hat an diesem Tag nur einem Freund ausgeholfen. Neun Kugeln trafen Simsek in Kopf und Oberkörper, mehrere Schüsse verfehlten ihn. Simsek starb zwei Tage später im Krankenhaus.

Bei den folgenden Morden gingen die beiden wesentlich gezielter vor. Sie überraschten ihre Opfer in ihren Geschäften oder Läden, feuerten aus nächster Nähe mehrmals in den Kopf oder ins Gesicht. Sie machten Fotos der Opfer und der Tatorte. Und verschwanden wieder. Spuren, etwa Patronenhülsen, fand die Polizei nirgends. Die Waffen steckten vermutlich in Plastiktüten, ein Umstand, der das Zielen nicht eben erleichtert. Offensichtlich fühlten sich Böhnhardt von mal zu mal sicherer. Als sie in München mit Habil Kilic ihr viertes Opfer hinrichteten, war ihnen egal, dass er seinen Laden direkt neben einer Polizeistation hatte.

Die Polizistin Michèle Kiesewetter und ihren Kollegen streckten sie am hellichten Tag auf einem Volksfestplatz in Heilbronn nieder. Die beiden machten in ihrem Streifenwagen gerade Pause, als Böhnhardt und Mundlos von hinten an die Türen traten und beide in den Kopf schossen. Es ist der letzte Mord, der sich dem NSU zuordnen lässt, im Jahr 2007. Danach wird es still.

Dass die Morde womöglich nichts mit dem Umfeld der Opfer zu tun haben, nichts mit vermuteten kriminellen Machenschaften ihrerseits, nichts mit der türkischen Mafia, nichts mit Drogen oder vermeintlichen Geliebten, es kommt den Kripobeamten nicht in den Sinn. Einzig Bayerns damaliger Innenminister Günther Beckstein schiebt die Ermittlungen einmal in Richtung rechtsextreme Szene. Ohne Ergebnis. Als der Profiler Alexander Horn im Mai 2006 eine operative Fallanalyse vorlegt und von zwei „missionsgeleiteten Tätern" spricht, die er in der rechten Szene vermutet, folgen ihm die Polizeibehörden nicht, sondern lassen ein Gegengutachten anfertigen, das ihn entkräften soll.

Manche der Tatorte sind so abgelegen, dass sich Beobachter fragen, wie Böhnhardt und Mundlos auf sie gestoßen sind. Abdurrahim Özüdogru beispielsweise, zweites Opfer des NSU und zweites Opfer in Nürnberg, hat seine Änderungsschneiderei in einem ehemaligen Laden an der Gyulaer Straße eingerichtet, einer kleinen, kaum befahrenen Nebenstraße im Nürnberger Stadtteil Gibitzenhof. Von außen deutet nichts auf die Schneiderei hin. Und trotzdem schlagen Böhnhardt und Mundlos hier zu. Vielleicht haben sie Helfer in Nürnberg, Neonazis, die für sie die Ziele ausspionieren. Abwegig ist das nicht. Die drei kennen die rechte Szene in der Stadt, sie sind häufiger hier.

Das Muster von Böhnhardt und Mundlos bleibt überall gleich. Sie schlagen blitzschnell zu, sind absolut brutal, flüchten mit ihren Rädern. Bei einem ihrer Banküberfälle schießen sie gezielt auf einen 16-Jährigen. Sein Glück, sie treffen ihn nicht. Sie warten im Wohnmobil, bis die Lage sich beruhigt hat, dann fahren sie nach Hause, als sei nichts gewesen.

Und Beate Zschäpe? Führt in der Zwischenzeit daheim ein unauffälliges Leben. Die drei kennen sich von Jugend an, sind in Jena aufgewachsen. Um das Jahr 1990 herum sind sie sich zum ersten Mal begegnet, in der DDR der Nachwendezeit, in einer Phase ohne Orientierung. Das alte System existiert nicht mehr, das neue ist ihnen fremd. Lebensentwürfe lösen sich über Nacht in Rauch auf. Sie leben im Plattenbauviertel Winzerla, einer trostlosen Gegend. Zschäpe ist in zerrütteten Verhältnissen aufgewachsen. Ihren Vater hat sie nie kennengelernt, ihre Mutter hat in den Wirren nach der Wende ihren Job verloren beim VEB Carl Zeiss. Zweimal lässt ihre Mutter sich scheiden, zweimal nimmt auch Beate Zschäpe den Namen des Neuen an. Zschäpe arbeitet nach der Schule als Malergehilfin, beginnt eine Lehre als Gärtnerin. Ihren Traum vom Job als Kindergärtnerin kann sie sich nie erfüllen.

Politisch gefestigt ist sie in jenen Tagen nicht. Sie schwirrt in der linken Punkszene herum, als sie Uwe Mundlos kennenlernt, ein zu der Zeit schon eingefleischter Neonazi. Die beiden werden ein Paar, lernen im Jugenzentrum Winzerklub unter anderem Uwe Böhnhardt kennen. Später gesellen sich Ralf Wohlleben und weitere Neonazis zu ihnen. Vor allem Wohlleben wird noch eine zentrale Rolle spielen.

Der Kern der Neonazitruppe steht. Sie gründen die Kameradschaft Jena, organisieren rechtsextreme Demos, reisen durch die Republik. Es geht längst nicht mehr nur um politische Aktionen. Die Truppe jagt jetzt jene Punks, mit denen Zschäpe vorher befreundet war. Und sie verteilt Bombenattrappen auf öffentlichen Plätzen, präpariert auch mit TNT. Die vier geraten ins Visier der Sicherheitsbehörden. Als Ignatz Bubis, Vorsitzender des Zentralrats der Juden, am 13. April 1996 die Stadt Weimar besuchen will, baumelt von einer Autobahnbrücke nahe Jena ein lebensgroßer Puppentorso mit Davidstern. Daneben zwei Kartons mit Kabeln und der Aufschrift „Vorsicht Bombe". Sie sind nicht echt. Die Polizei identifiziert über Spuren Uwe Böhnhardt, der bereits wegen anderer Geschichten aktenkundig ist. Böhnhardt kommt vor Gericht. Doch weil sich alle falsche Alibis geben, muss er nicht ins Gefängnis.

Trotzdem bleibt die Polizei an den dreien dran. Sie stößt im Januar 1998 auf eine Garage, die Zschäpe gemietet hat. Darin: halbfertige Rohrbomben, 1,4 Kilogramm TNT, rechtsextreme Hetzschriften, Kontaktlisten der Neonaziszene. Die Fahnder durchsuchen Zschäpes Wohnung, stoßen auf diverse Waffen, auf eine Reichskriegsflagge und auf ein Brettspiel, das die drei selbst entworfen haben. „Pogromly" ist eine rechtsextreme Kopie des Spiels Monopoly. Statt der Bahnhöfe sind Konzentrationslager eingezeichnet, Ziel des Spieles ist eine „judenfreie Stadt".

Es ist der Moment, in dem die drei untertauchen. Freunde besorgen ihnen wechselnde Wohnungen in Chemnitz. Immer in Kontakt mit ihnen: Ralf Wohlleben und André E., zwei Größen der Neonaziszene. Vor allem Wohlleben hält die Fäden in der Hand, koordiniert im Hintergrund die Hilfe für die drei. Im Dezember 1998 überfallen Böhnhardt und Mundlos den ersten Supermarkt. Bis zu ihrem Tod folgen 14 weitere Überfälle mit einer Beute von rund 600 000 Euro.

Die drei nehmen die Personalien von Freunden an. Zschäpe operiert zeitweise mit einem Dutzend Alias-Namen. Freunde sammeln Geld für sie, verstecken sie immer wieder. Irgendwann in dieser Zeit reift ihr Entschluss für eine Mordserie. Sie folgen einer Strategie, die international in der rechten Szene diskutiert wird. Autonome Zellen sollen führerlos operieren und als einsame Wölfe durchs Land ziehend Angst und Schrecken verbreiten, schattengleich auftauchen und wieder verschwinden.

Uwe Böhnhardt und Uwe Mundlos folgen dieser Vorlage. Die Ceska, die eine herausragende Rolle spielt, organisiert Ralf Wohlleben. Sie reisen durch die Republik, morden, werden vielfach gesehen, einmal sogar gefilmt. Da schieben sie ihre Fahrradbombe an den Überwachungskameras des Kölner Musiksenders Viva vorbei in die Keupstraße. Wenige Minuten später detoniert der Sprengsatz und verletzt 22 Menschen. Beate Zschäpe aber taucht nirgendwo auf, an keinem Tatort. Es sind immer nur die beiden Uwes.

Zschäpe sitzt zuhause, verfolgt im Internet, wie die Überfälle laufen, die Morde, die Flucht. Ihre Aufgabe ist eine andere. Sie ist das logistische Zentrum des NSU. Sie ist seine Archivarin. Und sie ist seine Tarnmeisterin. Sie baut die Legende, den Schutzschirm auf, unter den die beiden Uwes kriechen und verschwinden, wenn sie wieder zugeschlagen haben.

Im Schutt der ausgebrannten Wohnung finden sich zahllose Dokumente, Zeitungsartikel, Zeitungsschnipsel über die Morde, manche mit einem Fingerabdruck Zschäpes. Auf einem Videorekorder hat sie mehrere Sendungen mitgeschnitten zu den Bombenanschlägen in Köln. Und sie hat an den Bekennervideos mitgearbeitet.

Entscheidend aber ist die bürgerliche Fassade, die Zschäpe hochzieht. In der Zwickauer Polenzstraße fällt den Nachbarn zwar auf, dass die Uwes nur selten da sind, dass sie ihr Kellerabteil zu einem Hochsicherheitsbereich ausgebaut haben mit Stahltür statt Bretterverschlag, wie das bei allen anderen üblich ist. Sie hören undefinierbare Geräusche aus Wohnung und Keller. Zschäpe erzählt etwas von Ballerspielen am Computer, nichts von den Schießübungen im Kellerabteil, dann isolieren die drei Wohnung und Keller schalldicht.

Zschäpe operiert da längst unter ihren Tarnnamen. Sie hat die Identitäten von Freundinnen und Helferinnen angenommen, benutzt ihre Pässe. Mindestens zwölf Namen führt sie im Untergrund. Böhnhardt und

Mundlos machen es genauso. Als Liese hält Zschäpe den Kontakt zu den Nachbarn. Sie trifft sich mit ihnen zum Kaffee oder zum Prosecco. Sie erfindet Geschichten, wenn Böhnhardt und Mundlos wieder wochenlang verschwunden sind, gibt beiden Fantasieberufe, die auch das Geld erklären, über das sie verfügen. Böhnhardt, erzählt sie herum, sei ihr Freund, Mundlos dessen Bruder. Es sind Märchen, die sie verbreitet, doch sie sind das Tarnnetz. Für alles findet sie eine Erklärung, für das viele Geld (die Firma des Vaters), für die ständig wechselnden Autos der beiden (sie überführen die), für ihre Abwesenheit (die Autos), für ihre Anwesenheit (Home Office).

Es ist eine teils bizarre Welt, in der sich die drei bewegen. Niemanden stört es, wenn sie sich im Partykeller eines Nachbarn unter dem Portrait von Adolf Hitler zusammensetzen. Das habe halt da gestanden, sagen die Nachbarn. Zschäpe freundet sich mit allen an. Einer alleinerziehenden Mutter besorgt sie auf eigene Kosten regelmäßig Lebensmittel, beschenkt ihre Kinder und gibt Pizza aus. Sie sitzt mit allen zusammen, tratscht, erzählt, ist beliebt. „Diddl-Maus" nennen die Nachbarn sie in der Frühlingsstraße, wegen ihres – falschen – Nachnamens, und weil sie so süß sei. Sie erarbeitet sich das Vertrauen aller um sie herum. So tief reicht das, dass eine Nachbarin ihr ohne Zögern auf den eigenen Namen ein Prepaid-Handy besorgt. Ein Handy, mit dem Zschäpe später andere Nazis kontaktieren wird.

Und so entgeht den Menschen, wer da neben ihnen lebt. Zschäpe, sagen sie, habe sich nie politisch geäußert. Sie sehen nicht ihre Gesinnung. Sie sehen nicht das Waffenarsenal in der Wohnung, den Fitnessraum, die Bombenwerkstatt. Sie bekommen nichts mit von den Überwachungskameras, die das Trio rund um seine Wohnung installiert hat. Sie zeigen, wie Freunde ein und aus gehen bei den dreien. Und wie Böhnhardt und Mundlos brav die Schuhe ausziehen, wenn sie nach Hause kommen, und den Flur fegen. Sie sehen nicht, wie im Schrank neben der Wohnungstür stets griffbereit eine Maschinenpistole und ein Repetiergewehr mit abgesägtem Schaft liegen, nicht die zahllosen Stadtpläne mit potenziellen und echten Tatorten, nicht die vielen Computer.

Im Urlaub verwaltet Beate Zschäpe das Geld, auf Fehmarn beispielsweise. Das Trio liebt die Insel, regelmäßig reist es hierher und mietet für mehrere Wochen einen Wohnwagen auf dem immer gleichen Campingplatz. Es gibt tatsächlich Fernsehaufnahmen aus einem der Urlaube, eine Reportage über die Insel, die Zschäpe bei der Freiluftgymnastik mit anderen Campern zeigen, ganz unbeschwert, als sei sie nicht Teil des Terrortrios.

Bis heute sind manche Gäste erschüttert, dass sie die Fassade nicht durchschaut haben. Juliane S. zum Beispiel. Sie hat Zschäpe auf Fehmarn kennen und schätzen gelernt. Nur nicht als Beate, sondern als Liese mit ihren Freunden Gerry und Max. Juliane erlebt ein überaus enges und vertrautes Dreierbündnis. Für sie wird Liese zur Freundin, der sie alles anvertraut, auch privateste Dinge.

Sie sieht, wie Zschäpe das Geld verwaltet, immer und ausschließlich sie. Wie sie den Jungs das Eis bezahlt, auch mal mit einem Fünfhundert-Euro-Schein. Wie sie jeden noch so kleinen Schritt miteinander abstimmen. Wie die Jungs die Kinder der anderen Camper mit auf ihr Boot nehmen, sich wie ganz normale Urlauber benehmen. Sie wundert sich nicht einmal, als die beiden damit prahlen, sie könnten Bomben bauen. Dass sie wenige Wochen zuvor in der Kölner Keupstraße das Bombenattentat verübt hatten, schimmert in keiner Sekunde durch, auch bei Zschäpe nicht.

Juliane S. erlebt im Gegenteil eine Beate Zschäpe, deren Selbstbewusstsein im Umgang mit Böhnhardt und Mundlos auch andere als außergewöhnlich beschreiben. Sie telefoniert mit Zschäpe auch nach den Urlauben. Dass an ihrer Geschichte nichts, aber auch gar nichts stimmt, dass die drei ihr etwas vorgespielt, ihr Vertrauen zutiefst missbraucht haben, auf die Idee kommt sie erst, als die Polizei ihr die Augen öffnet. Nicht nur für Juliane bricht in diesem Moment eine ganze Welt zusammen.

Immerhin: Sie wendet sich fassungslos ab von Beate Zschäpe. Andere, die den Weg des NSU gekreuzt haben, tun das nicht. Die Nachbarn, mit denen sie sich angefreundet hatte, geben sich bis heute bockig, wollen nicht wahrhaben, auf wen sie hereingefallen sind. Sie beharren darauf, dass Zschäpe eine liebenswürdige und gutherzige Person sei und keine Mörderin.

Die Ankläger sehen das anders, sie halten Zschäpe für einen wesentlichen, aktiven Teil des NSU, ohne den die Mordserie nie funktioniert hätte. Zweieinhalb Jahre nach dem Auffliegen des NSU beginnt in München vor dem 6. Strafsenat des Oberlandesgerichts der Prozess, weil in Bayern fünf der zehn Opfer ermordet worden sind, so viele wie in keinem anderen Bundesland. Fünf Jahre zieht sich das Verfahren, ein Mammutprozess mit 1200 Aktenordnern, 438 Verhandlungstagen, 541 Zeugen, 46 Sachverständigen und 264 Beweisanträgen. Mit drei Anklägern, fünf Angeklagten, 14 Verteidigern und 95 Nebenklägern, die ihrerseits 60 Anwälte beauftragt haben.

Manfred Götzl ist ein erfahrener Richter. Er hat den Mord an Rudolf Moshammer verhandelt und den an der Parkhausbesitzerin Charlotte Böhringer. Und er hat den Kriegsverbrecher Josef Scheungraber verurteilt. Der gebürtige Franke ist privat ein umgänglicher Mensch mit Humor. In seinem Gerichtssaal ist er das Gegenteil. Götzls Verhandlungsführung ist penibel bis pedantisch. Seine Beisitzer haben wenig zu melden, wenn, befragt Götzl die Zeugen, maßregelt er Verteidiger und Ankläger, unterschiedslos.

Das NSU-Verfahren hat ihn mehr als einmal an seine Grenzen gebracht. Da ist die Kälte, die Zschäpe verströmt. Sie schweigt fast das gesamte Verfahren lang, bleibt selbst in den erschütterndsten Momenten regungslos. Da sind die Szeneanwälte vor allem des mitangeklagten Ralf Wohlleben, die den Gerichtssaal immer wieder als Plattform für Nazipropaganda missbrauchen. Da sind die Mordermittler, die auch nach all den neuen Erkenntnissen ihre offensichtlichen Fehleinschätzungen nicht zugeben wollen, die nicht eingestehen, dass sie auf dem rechten Auge blind gewesen sind, sondern weiter daran festhalten, sie hätten die Opfer zu recht als mitschuldig eingestuft. Und da sind die Zeugen aus der rechten Szene, die offen lügen, das Gericht verhöhnen, ihre Freunde decken, ohne dass es Konsequenzen hätte.

Es gibt hochemotionale Momente. Mütter, die Zschäpe fragen, wie sie noch schlafen könne. Sie bekämen kein Auge mehr zu, keine einzige Nacht, in all den Jahren nicht, seit Böhnhardt und Mundlos ihre Söhne ermordet haben. Es sind Väter, die von ihr nur wissen wollen, warum das eigene Kind sterben musste, warum die drei es als Opfer auserkoren haben. Es sind

Väter wie Ismail Yozgat, der sich im Gerichtssaal auf den Boden wirft und unter Tränen demonstriert, wie er seinen toten Sohn im Arm gehalten habe, sein Lämmchen, gerade mal 20 Jahre alt, als die Kugeln seinen Kopf durchschlugen.

Es sind Momente, die Götzl erkennbar unangenehm sind. Sie passen nicht in seinen aseptischen Gerichtssaal, zu seinem unterkühlten Verhandlungsstil. Götzl ist ein Technokrat des Rechts, für den Gefühle keine gesetzliche Norm sind, die er bewerten könnte. Sein Urteil spult er ab, wie er sein Verfahren geführt hat, nüchtern, sachlich, stets entlang der Fakten, ohne jede erkennbare Höhe oder Tiefe. Für die im Saal ist das schwer erträglich. Die Angehörigen der NSU-Opfer hatten auf Antworten gehofft, warum es ihre Kinder, Brüder, Schwestern getroffen hat, warum der Staat jahrelang in die falsche Richtung gelaufen war, wie er das wieder gut machen will. Und wer die Helfer des NSU waren, das Netzwerk, das viele hinter dem Trio vermuten.

Die Antwort gibt Götzl nicht. Sein Senat verurteilt Beate Zschäpe zwar als zehnfache Mörderin. Für die Richter ist erwiesen, dass sie von Anfang an in die Terrorzelle eingebunden gewesen ist, sie mitbegründet hat, aus tiefer nazistischer Überzeugung. Sie war über alles informiert, hat die Morde nicht nur gebilligt, sondern mitgetragen und sie erst möglich gemacht als Logistikerin und Tarnmeisterin. Lebenslang mit besonderer Schwere der Schuld, die eine vorzeitige Entlassung nach 15 Jahren Haft ausschließt. Sie haben ihr nicht abgenommen, dass sie stets erst nach den Morden davon erfahren haben will, und dass sie bei den beiden dennoch geblieben ist, aus Abhängigkeit.

Der Senat verurteilt Ralf Wohlleben zu zehn Jahren Haft, weil er im Netz hinter dem Trio die zentrale Figur war, die Flucht organisiert und gedeckt und mindestens eine der Tatwaffen mit organisiert hat. Er ist ein bis heute in der Wolle gefärbter Neonazi mit besten Kontakten in die Szene.

Der Senat verurteilt Holger G. zu drei Jahren als NSU-Helfer. Er hat seine Identität den Mördern gegeben, bis zuletzt.

André E., der von sich als Schlusswort ausrichten lässt, er sei „mit Haut und Haaren Nationalsozialist": zweieinhalb Jahre, weil er zwar x-fach dem

Trio geholfen hat, etwa, indem er Wohnmobile gemietet oder Zschäpe bei ihrer Tarnung geholfen hat. Das Gericht sieht es aber als nicht nachweisbar, dass er auch von den Morden gewusst haben könnte.

Carsten S. schließlich: drei Jahre Haft, weil er die Ceska besorgt hat. Dabei hätte das Verfahren ohne ihn wohl so nie stattgefunden: Er ist der Einzige, der sich glaubhaft von der Szene losgesagt hat. Und er ist der Einzige, der umfassend gestanden hat, der Einzige, der bereut, was er getan hat. Ohne seine Aussage hätte die Generalbundesanwaltschaft wohl viele Ecken des Falls nicht ausleuchten können. Die Angehörigen der Opfer hatten ihm verziehen und um Milde für ihn gebeten. Vergeblich.

Sie alle sind mittlerweile auf freiem Fuß. Nur Beate Zschäpe sitzt noch hinter Gittern, in Chemnitz, nahe ihrer Heimat. Noch sind einige Verfahren offen gegen mutmaßliche NSU-Helfer; doch ihre Zahl ist überschaubar. Dass es da mehr gegeben haben muss, ein dichtes Netzwerk aus Neonazis, dafür sehen die Bundesanwälte bis heute keine Anzeichen.

Gerechtigkeit, Sühne, Rache? Die Angehörigen der Opfer haben darauf gehofft. Doch es sind drei große Begriffe, die nicht in einen deutschen Gerichtssaal passen. Die Urteile, die Manfred Götzl gesprochen hat, sind sauber; sie sind rechtskräftig, der Bundesgerichtshof hat sie in allen Passagen bestätigt und die Revisionen verworfen. Die der Verurteilten, denen die Strafen zu hoch erschienen waren, Zschäpe etwa, die sich nur für die Brandstiftung verurteilt sehen wollte. Oder die der Bundesanwälte, denen die Strafen zu niedrig ausgefallen waren, etwa bei André E., dem bekennenden Neonazi, der bis heute in der rechten Szene aktiv ist.

Juristisch ist das Kapitel Nationalsozialistischer Untergrund abgeschlossen. Rund 37 Millionen Euro hat das Verfahren gekostet. Die Wunden aber, die das mordende Trio in die Seelen vieler Menschen gerissen hat, heilen nicht.

Die NSU-Morde in Franken

WER SIND DIE HELFER DER RECHTS-TERRORISTEN IN DER REGION?
von Elke Graßer-Reitzner und Jonas Miller

Ist es wirklich Zufall, dass die Mordserie des Nationalsozialistischen Untergrund (NSU) im Jahr 2000 ausgerechnet in Nürnberg begann und hier drei der zehn Morde verübt wurden, die auf das Konto der Rechtsterroristen gehen? Das gemeinsame Rechercheteam von Nürnberger Nachrichten und Bayerischem Rundfunk ist zahlreichen Spuren nachgegangen und auf ein Netzwerk an mutmaßlichen Unterstützern gestoßen, die sich teilweise jahrzehntelang in Franken tummelten.

Das NSU-Kerntrio um Uwe Böhnhardt, Uwe Mundlos und Beate Zschäpe kannte sich in Nürnberg offenbar aus. Denn die drei waren öfter hier gewesen, wie die Recherchen ergaben. Womöglich lagen die Anfänge der Terrorzelle sogar in der bei Rechtsextremen beliebten „Stadt der Reichsparteitage".

Es begann im Februar 1995, als 120 Neonazis aus Bayern, Thüringen und Sachsen zu einem als „Faschingsfeier" getarnten Treffen in die damalige Nürnberger Speisegaststätte „Tiroler Höhe" reisten. Die Fete diente dem gegenseitigen Kennenlernen der heterogenen Rechtsextremisten-Szene. Doch am Ende lief sie aus dem Ruder, Anwohner verständigten die Polizei, als sie „Heil Hitler"-Rufe vernahmen. Viele der Gäste flüchteten, es gab einige Festnahmen.

Ein Führungskader von damals, den das gemeinsame Rechercheteam von NN und BR ausfindig gemacht hatte, berichtete erstmals, dass neben „Böhni, Mundi und der Beate aus Jena" auch Ralf Wohlleben und Holger G. in der „Tiroler Höhe" mit am Tisch gesessen hatten.

Wohlleben ist der Mann, der später zu einem engen Vertrauten der Terroristen im Untergrund wird und ihnen im Frühjahr 2000 die Waffe für die Mordserie besorgt, eine Ceska-Pistole mit Schalldämpfer. Im Münchner NSU-Prozess musste sich Ralf Wohlleben neben Beate Zschäpe für die Bluttaten verantworten und wurde 2018 zu zehn Jahren Haft wegen Beihilfe zum Mord verurteilt.

Auch Holger G. wurde 2018 verurteilt, er erhielt drei Jahre Haft, weil er das NSU-Kerntrio in ihren Verstecken unterstützt hatte.

Ein Jahr nach der „Faschingsfeier" in Nürnberg schlossen sich Mundlos, Böhnhardt, Zschäpe, Wohlleben und Holger G. dem Neonazi Tino Brandt aus Rudolstadt und seinem gewaltbereiten „Thüringer Heimatschutz" an, der als Keimzelle der Terrorgruppe NSU gilt. Die fünf besuchten ihre neugewonnenen fränkischen Freunde aber fortan regelmäßig. Interne Unterlagen des Bundeskriminalamtes, die dem Rechercheteam vorliegen, bestätigen dies.

Recherchen von NN und BR zeigen, dass Zschäpe, Mundlos und Böhnhardt immer wieder in einer von einem Neonazi gemieteten Wohnung in der Nürnberger Marthastraße übernachtet haben. Der Unterschlupf war bei Anwohnern als „Glatzentreff" gefürchtet. Mitte der 1990er Jahre hatte man im Stadtteil extra ein Notruf-Telefon installiert, weil sich viele Bürger von den Rechten bedroht fühlten. Auch der US-amerikanische Neonazi und Holocaust-Leugner Gary Lauck soll hier abgestiegen sein und Geld spendiert haben. Davon habe man die Miete im wbg-Gebäude bezahlt und große Partys gefeiert, berichtet der Insider.

Der schillernde V-Mann des Verfassungsschutzes Kai D. gehörte ab 1995 ebenfalls mit zum Kreis der braunen Truppe, die immer wieder nach Nürnberg kam. Lange bevor das Internet zum Alltagsmedium wurde, baute D. das Kommunikationsmittel der Neonazis mit auf. Mit dem „Thule-Netz" schuf er ein eigenes Mailboxsystem zum Austausch rechtsextremistischer

Inhalte. Welche Rolle Kai D., der heute unter neuer Identität wieder in der Metropolregion Nürnberg lebt, beim Verfassungsschutz tatsächlich spielte, ist ungeklärt.

Bis Ende der 1980er Jahre soll D. für den Berliner Verfassungsschutz in der linksextremistischen Szene aktiv gewesen sein. Nach seinem Wechsel zum bayerischen Dienst war er intensiv in der rechtsextremen fränkischen Szene vernetzt. Er selbst sagte der Polizei bei einer Vernehmung in Nürnberg, er sei der „Gauleiter" in Franken gewesen. Neonazi Tino Brandt, Chef des militanten „Thüringer Heimatschutzes" und selbst als V-Mann Informant des Innlandgeheimdienstes, sagte später, Kai D. sei „unsere Führungskraft in Bayern" gewesen. D. fuhr regelmäßig zu Treffen der Thüringer Neonazis. Zu Zschäpe, Mundlos und Böhnhardt habe er aber keinen Kontakt gehabt, gab er gegenüber den Ermittlungsbehörden an.

Das Trio rückt zu dieser Zeit immer mehr in den Blick der Polizei, weil die Rechtsextremen Bombenattrappen und Neonazi-Propaganda in Thüringen verteilten. Nach einem Tipp aus Kreisen des Verfassungsschutzes durchsucht die Polizei Ende Januar 1998 in Jena eine von Beate Zschäpe angemietete Garage. Darin entdecken die Fahnder fünf selbstgebastelte und funktionsfähige Rohrbomben, rund 1,4 Kilogramm TNT-Sprengstoff, rechtsextreme Schriften und eine Diskette mit einem „Gedicht", das den Titel trägt: „Ali Drecksau, wir hassen Dich!". Nachdem ihre Bombenwerkstatt aufgeflogen ist, taucht das Trio ab. Uwe Böhnhardt fährt vor den Augen der Polizisten in seinem Wagen weg. Er, Uwe Mundlos und Beate Zschäpe werden von nun an bundesweit gesucht.

Erst viel später, teilweise Jahre danach, werten die Ermittler den Inhalt eines Rucksacks richtig aus, den sie in der Garage mitgenommen hatten. Darin finden sie eine Liste mit Namen und Telefonnummern von möglichen Helfern und Unterstützern, die Handschrift ordnen sie Uwe Mundlos zu. Auf dieser Liste findet sich auch der Name von Kai D., der heute in Nürnberg lebt. Das bayerische Landesamt für Verfassungsschutz bestätigt im Jahr 2012 dem Bundeskriminalamt, dass die aufgeführte Handynummer hinter seinem Namen wirklich Kai D. gehörte.

Auf dieser als „Garagenliste" bekannt gewordenen Aufstellung taucht auch der Name von Matthias Fischer auf, eine der wichtigsten Führungs-figuren bayerischer Neonazis, der damals in Fürth wohnte. Fischer ist in-zwischen Bundesvorsitzender der Neonazi-Kleinpartei „Der III.Weg" und lebt jetzt in Brandenburg. Bei einer Vernehmung sagte er dem Bundeskri-minalamt im Januar 2013, er habe Uwe Mundlos aus seiner Zeit als Skinhead gekannt: „Uwe und ich hatten damals sporadisch Kontakt." Hatte er wo-möglich auch Kontakt zu Beate Zschäpe?

In einer Fürther Pizzeria, die nur ein paar Gehminuten von Matthias Fi-schers ehemaliger Wohnung entfernt liegt, erinnert man sich an Zschäpe. „Sie hat auch einmal an unserer Eistheke gestanden", versichert die Inhabe-rin der Pizzeria und der Eisdiele mit Nachdruck. Als der NSU im Jahr 2011 aufgeflogen war und die Medien Fotos von Zschäpe veröffentlichten, „hab' ich gesagt, dass ich das Gesicht hier gesehen hab'", betont die Wirtin gegen-über NN und BR. Beate Zschäpe habe Eis zum Mitnehmen bestellt. Sie sei mit einem Pulk gekommen und mit den Leuten dann spazieren gegangen. Das müsse Anfang der 2000er Jahre gewesen sein, erinnert sich die Wirtin. Damals geschahen die ersten beiden Morde in Nürnberg, für die der NSU verantwortlich ist. Gegenüber dem Bundeskriminalamt bestritt Matthias Fischer, Zschäpe und Böhnhardt jemals kennengelernt zu haben.

Ein gutes Jahr, nachdem das Trio untergetaucht war, fand in Nürnberg der erste Bombenanschlag statt, den der NSU verübte: Im Juni 1999 explodier-te in einer Pilsbar in der Scheurlstraße in Bahnhofsnähe eine Rohrbombe. Der türkischstämmige Pächter Mehmet O. (Name geändert), damals 18 Jahre alt, hatte beim Reinigen des Lokals eine Taschenlampe der Marke MagLite in einem Abfalleimer in der Herrentoilette entdeckt und sie neugierig einge-schaltet. Die Druckwelle der Explosion schleuderte ihn bis zur Eingangstür. Er trug Splitter im Arm und zahlreiche Schnittwunden davon und überleb-te den Anschlag nur, weil der Sprengsatz nicht richtig gezündet hatte, wie Beamte des LKA-Sprengstoff-Dezernats in ihrem Bericht 1999 festhielten.

Wer ihm nach dem Leben trachtete, wusste Mehmet O. nicht. Erst als im jahrelangen NSU-Prozess der Angeklagte Carsten S. 2013 überraschend aus-sagte, Uwe Böhnhardt und Uwe Mundlos hätten ihm erzählt, in Nürnberg

„eine Taschenlampe aufgestellt" zu haben, war klar, dass die Rechtsterroristen des NSU hinter dem Anschlag steckten. Es war die erste abscheuliche Tat der Terrorgruppe gewesen, quasi ein „Testlauf", wie man heute weiß, um den Umgang mit Sprengstoff zu erproben. Danach ermordete der NSU im September 2000 mit dem Blumenhändler Enver Şimşek sein erstes von zehn Opfern wiederum in Nürnberg, gar nicht so weit entfernt von der Kneipe in der Scheurlstraße.

Mehmet O. hatte 2013, nach der Aussage von Carsten S. im NSU-Prozess, Besuch von Beamten des Bundeskriminalamtes bekommen. Sie legten ihm 115 Fotos von Beschuldigten und Verdächtigen im NSU-Verfahren vor. Mehmet O. tippte auf die Aufnahmen von Uwe Böhnhardt, Uwe Mundlos und Beate Zschäpe. Die kenne er aus dem Fernsehen, gab er an, die Frau habe er in einem Gerichtssaal gesehen. Doch dann blieb er an einem weiteren Bild von einer Frau hängen. „Die geht mir nicht mehr aus dem Kopf, die kenne ich", sagte er in der Zeugenvernehmung, die dem NN-/BR-Rechercheteam vorliegt. „Dieses Mädchen" komme ihm „dermaßen bekannt" vor. Und die Ermittler notierten umgehend, wen der türkischstämmige Mann da identifiziert hatte: Susann E., eine überzeugte Nationalsozialistin aus dem sächsischen Zwickau – eine enge Freundin von Beate Zschäpe, vielleicht sogar ihre beste und wichtigste.

Seit Januar 2012 ermittelt die Bundesanwaltschaft gegen Susann E. wegen Unterstützung der Terrorvereinigung NSU. Sie soll die Tarnung des Kerntrios im Untergrund aufrechterhalten und Zschäpe mehrfach ihre Personalien zur Verfügung gestellt haben, etwa ihre Bahncard. Susanns Ehemann André E. musste sich zusammen mit Zschäpe vor Gericht verantworten, er wurde zu zweieinhalb Jahren Haft wegen Unterstützung einer terroristischen Vereinigung verurteilt.

André E. ist auch jener Vertraute, den Beate Zschäpe anrief, als am 4. November 2011 Uwe Böhnhardt und Uwe Mundlos nach einem missglückten Banküberfall in einem Wohnmobil in Eisenach Selbstmord begangen hatten. E. machte sich daraufhin auf den Weg zu ihr und brachte ihr frische Kleidung seiner Frau Susann, da Zschäpe ihre mit Benzin verunreinigt hatte, als sie ihre Wohnung in Brand steckte. Er fuhr

Zschäpe zum Bahnhof, von dem sie eine Irrfahrt durch Deutschland antrat, ehe sie sich Tage später der Polizei stellte.

Drei Wochen danach, am 24. November, stürmten mehr als 20 GSG-9 Beamte einen heruntergekommenen Hof in Brandenburg und verhafteten André E. Er hatte dort bei seinem Zwillingsbruder Unterschlupf gefunden. Niemand hatte offenbar dem abgetauchten NSU-Kerntrio nähergestanden als der gelernte Maurer E. aus dem Erzgebirge. Er hatte Mundlos, Böhnhardt und Zschäpe regelmäßig in ihrem Versteck in Zwickau besucht. Er sei „Anker" für das Trio gewesen, der „Stein in der Brandung", befand Bundesanwalt Herbert Diemer später in seinem Plädoyer im NSU-Prozess.

André E. ist, so formulierte es sein Anwalt, „ein Nationalsozialist mit Haut und Haaren". Man darf es wörtlich nehmen. Der heute 43-Jährige hat sich seine antidemokratische, volksverhetzende, rassistische Gesinnung unauslöschlich in die Haut stechen lassen. Ein Sachverständiger des Bundeskriminalamtes identifizierte 2011 die tätowierten Runen um seinen Bauchnabel als den Leitspruch der Nationalsozialisten „Du bist nichts, Dein Volk ist alles." Quer darüber steht in dicken Großbuchstaben „Die Jew Die" (Stirb Jude Stirb), gefolgt von einem Symbol der Totenkopfverbände der SS. Auch zwei Achten, der Szene-Code für „Heil Hitler", und das Konterfei des SA-Sturmführers Horst Wessel prangen auf seiner Brust, überhaupt ist der ganze Körper bis hoch zum Kopf mit Nazi-Symbolen und abstoßenden Bildern vollgemalt.

Auf E.s Computer fanden die Ermittler genau die gleichen Bilddateien, wie sie auch im „Paulchen-Panther-Film" des NSU zu sehen sind: Das abscheuliche Video, in dem die Zeichentrickfigur Paulchen Panther den Betrachter von einem Mord zum anderen führt, gilt als die Bekenner-DVD der Terroristen. Beate Zschäpe hatte vorbereitete Kuverts mit diesen Videos kurz vor ihrer Flucht per Post an Redaktionen und Organisationen in ganz Deutschland verschickt. Einer dieser Umschläge wurde auch bei den Nürnberger Nachrichten in einen Briefkasten geworfen, adressiert an einen Redakteur. Die Sendung war persönlich abgegeben worden, von wem, das ist bis heute unbekannt.

E., der auch als Mediendigitalisierer, Berufskraftfahrer und Monteur von Solaranlagen gearbeitet hat, galt den Ermittlern als Hersteller der fürchterlichen Paulchen-Panther-Sequenzen. Nachweisen konnte man ihm dies jedoch nicht. Er soll, so sagte es Bundesanwalt Jochen Weingarten, das vierte Mitglied der Terrorzelle gewesen sein: Im Bekenner-Film tanzen vier Paulchen-Panther-Köpfe um das Logo des NSU.

Recherchen der Nürnberger Nachrichten und des Bayerischen Rundfunks zeigten: André E. hatte ähnliche Stadtpläne von Nürnberg auf seinem PC, wie sie auch im Brandschutt des Zwickauer Wohnhauses des Trios gefunden worden waren. Einige dieser Karten enthalten Markierungen.

Das Bundeskriminalamt hält in einem Aktenvermerk vom 23. Dezember 2011 den Fund zweier Kartenausschnitte auf Emingers externer Festplatte fest. „Keiner der Morde, welche in Nürnberg geschehen sind, befinden sich in den oben gezeigten Bereichen in Nürnberg. Warum sich lediglich diese beiden Ausschnitte auf der Festplatte befinden, kann nicht gesagt werden", notiert eine Kriminaloberkommissarin. Abgespeichert wurden sie Ende April 2001, ein halbes Jahr nach dem Mord am Blumenhändler Enver Simsek und kurz vor dem zweiten Mord am Schneider Abdurrahim Özüdogru in Nürnberg.

Zu sehen sind Bereiche der Stadtteile Laufamholz/Hammer mit einer Markierung auf dem dortigen Kirchweihplatz sowie Teile von Erlenstegen und Mögeldorf. Vor allem die Darstellung einer Straße im Mögeldorfer Bereich birgt Brisanz. Denn hier, in der Marthastraße, befand sich die Wohngemeinschaft von Rechtsextremisten in den 1990er Jahren, die auch Zschäpe, Mundlos und Böhnhardt nach Angaben des früheren Neonazi-Kaders genutzt hatten. Der Polizei waren damals Autokennzeichen aus Sachsen aufgefallen. Hatte auch André E. sich hier aufgehalten, zusammen mit seiner Frau? Die Ermittlungen dauerten an, heißt es bei der Bundesanwaltschaft, die den NSU-Komplex untersucht.

Noch eine weitere Spur des Ehepaars E. führt nach Mittelfranken: Ende 2007 beantragte E. bei einer Bank am Rathenauplatz in Nürnberg einen sogenannten Konsumentenkredit. Das Geldhaus überwies am 4. Dezember rund 20 000 Euro auf sein dort neu eingerichtetes Konto. Die Summe sei nicht zweckgebunden, die Raten würden ordnungsgemäß zurückgezahlt, teilte die Bank dem Bundeskriminalamt mit. Wofür der Betrag gedacht war, blieb offen.

André E. unterhielt zudem gute Kontakte ins Nürnberger Land. Als er am Ende des Münchner NSU-Prozesses 2018 als freier Mann den Gerichtssaal verließ, weil ihm die Untersuchungshaft angerechnet worden war, stieg er in den schwarzen Jeep von Susanne G. aus der Gemeinde Leinburg. Die rechtsextreme Heilpraktikerin hatte seit Jahren Verbindungen zu ihm unterhalten. Nun traf man sich zum Grillen auf ihrer Terrasse, später bei den E.s in Sachsen. Susanne G. wurde im Jahr 2021 zu sechs Jahren Freiheitsstrafe verurteilt, weil sie laut Gericht Anschläge auf Kommunalpolitiker und Migrantenvereine im Nürnberger Umland geplant hatte. Gegen das Urteil legte sie jedoch Revision ein.

Wie André E., so zog es auch Maja S. (Name geändert) immer wieder nach Franken. Maja S. wuchs – wie E. – im Erzgebirge auf. Sie gehörte dort schon früh der von E. gegründeten rassistischen Vereinigung „Weiße Bruderschaft Erzgebirge" an. Sie war über Jahre hinweg Mitglied von gewaltbereiten Neonazi-Organisationen, verteilte Flugblätter auch in Nürnberg, publizierte in einschlägigen Schriften und war mit führenden Köpfen der Szene liiert. Und sie gilt als eine der wichtigsten und frühesten Helferinnen des Nationalsozialistischen Untergrunds.

Die Sächsin hatte Zschäpe, Mundlos und Böhnhardt 1998 nachweislich in der Wohnung ihres damaligen Freundes in Chemnitz einquartiert, als das Trio nach der polizeilichen Garagendurchsuchung in Jena verschwinden wollte. Die Ermittler sahen schon früh in Maja S. eine Schlüsselfigur. So waren im Jahr 2000 – noch vor dem ersten Mord in Nürnberg – Zielfahnder des Thüringer Landeskriminalamtes auf Maja S. und ihren damaligen Lebensgefährten angesetzt. Die Polizei vermutete bereits, dass das Pärchen Kontakt zu den drei gesuchten Rechtsextremisten unterhielt.

Während einer Observation im Mai 2000 vor der Wohnung von Maja S. im sächsischen Chemnitz wurde ein Mann fotografiert, der Uwe Böhnhardt sehr ähnlich sah. Doch die Person wurde nicht kontrolliert, obwohl sogar das Spezialeinsatzkommando für einen möglichen Zugriff anrückte. Im Nachhinein stellte das Bundeskriminalamt fest, dass es sich mit hoher Wahrscheinlichkeit tatsächlich um Böhnhardt gehandelt hatte. Hätten sich die Ermittler im Frühjahr 2000 nicht in den Zuständigkeiten von Thüringer

Zielfahndung und sächsischem LKA verstrickt und rasch reagiert – womöglich hätte die Mordserie verhindert werden können.

Maja S. gab im Dezember 2011 bei einer Vernehmung gegenüber der Polizei zu, dass sie während der Zeit, in der sich die drei in der Wohnung ihres Freundes versteckten, Beate Zschäpe ihre AOK-Krankenkassenkarte geliehen hatte, damit diese zum Frauenarzt gehen konnte. Bei einem Treffen habe die Frau „übelste Bauchkrämpfe gehabt und geheult". Zschäpe, die sie „als niedliches kleines Küken" in Erinnerung hat, habe ihr leidgetan.

Ein gutes Jahr später, im Juli 2001, tritt Maja S. in Nürnberg in Erscheinung. Die gelernte Frisörin verteilt zusammen mit dem Nürnberger Christian W. von der später verbotenen „Fränkischen Aktionsfront" und dem verurteilten Holocaust-Leugner Gerhard Ittner Flugblätter beim sogenannten Schlesiertreffen in Nürnberg vor dem Messegelände. Sie nimmt auch an Veranstaltungen von Rechtsextremen in Fürth und Gräfenberg teil und besucht eine Schulung der „Fränkischen Aktionsfront", die der Neonazi Matthias Fischer aus Fürth aufgebaut hat. Sie sucht Fischer sogar persönlich auf. Von seiner Gruppierung ist sie so angetan, dass sie nach fränkischem Vorbild eine „Sächsische Aktionsfront" installieren will.

Von Sommer 2002 bis März 2003 lebt sie zudem in Mittelfranken, in Büchenbach im Kreis Roth – zum Zeitpunkt, als der NSU in Nürnberg bereits zwei Morde begangen hatte. Beim dortigen Schützenverein übt sie das Schießen, wie das Rechercheteam von NN und BR aufdeckte.

Am 10. November 2002 marschiert Maja S. mit einer Horde Rechtsextremer in Gräfenberg auf. Der Holocaust-Leugner und bekennende Reichsbürger Gerhard Ittner aus Zirndorf hatte die „Aktion Ahnenehre" angemeldet. Die Polizei notiert dort auch Majas Personalien.

Galt sie bei Kundinnen im Salon in Roth, in dem sie Arbeit gefunden hatte, als „die nette Maja", hatte sie in ihrer sächsischen Heimat unter den Rechten längst den Ruf als „White-Power-Maja". Ein Anstecker, der die Überlegenheit der weißen Rasse propagierte, war ihr Markenzeichen gewesen.

Hat sich Maja S. während ihrer Zeit in Nürnberg und der Region mit Zschäpe, Böhnhardt und Mundlos getroffen? In Büchenbach kursierte das Gerücht, dass Zschäpe hier gewesen sei, da eine Zeitlang ein fremder Wohnwagen unweit von Maja S.' damaliger Wohnung gestanden habe. Das Terror-Trio hatte oft Urlaub in einem Wohnwagen an der Ostsee gemacht.

Von den Taten des NSU habe sie nichts gewusst, sagte Maja S. später bei einer Vernehmung aus, und seit 1998 auch keinen Kontakt mehr zum Kerntrio gehabt. Doch an dieser Darstellung gibt es Zweifel. Im Brandschutt in Zwickau – Zschäpe hatte das Wohnhaus nach dem Auffliegen der Terrorzelle im November 2011 in die Luft gesprengt – fanden Ermittler Notizzettel mit einer Handynummer von Maja S.: eine Nummer, die sie erst ab 1999 besessen hatte. Und auf einem gefälschten, auf Maja S. ausgestellten Mitgliedsausweis des Tennis-Clubs Großgründlach in Nürnberg ist ein Foto von Beate Zschäpe zu sehen samt einer Anschrift, die Maja S. erst ab dem Jahr 2004 führte.

Hielt der Kontakt zum Kerntrio doch über viele Jahre? Oder haben sich die Terroristen Majas Telefonnummer und Adresse ohne ihr Zutun besorgt? Diese Fragen werden wohl nicht mehr geklärt werden. Im September 2022 hat die Bundesanwaltschaft die Akte von Maja S. sowie die von vier weiteren Beschuldigten im NSU-Verfahren geschlossen, mangels hinreichendem Tatverdacht, eine terroristische Vereinigung unterstützt zu haben.

Doch es gibt weitere Verdächtige. Etwa den Nürnberger Christian W., mit dem Maja S. Flugblätter verteilt hatte und mit dem sie ein kurzzeitiges Verhältnis eingegangen war. W. war einer der führenden Köpfe der Fränkischen Aktionsfront, die 2004 aufgrund ihrer Wesensverwandtschaft mit dem Nationalsozialismus verboten wurde. Er soll ihr eine Bombenbauanleitung gegeben haben, sagte Maja S. im Münchner NSU-Prozess aus. W. bestreitet das.

W., Jahrgang 1979, besaß eine Zeit lang auch ein Geschäft in der Nürnberger Scheurlstraße, in der der NSU das erste Bomben-Attentat verübt und Mehmet O. schwer verletzt hatte. Außerdem kannte W. den Blumenstand des ersten Mordopfers Enver Şimşek in der Liegnitzer Straße in Nürnberg: Er räumte gegenüber dem BKA ein, dort Blumen gekauft zu haben. W. war Zeugen zufolge auch bei „Combat 18" aktiv, dem bewaffneten Arm des Neonazi-Musik-Netzwerks „Blood and Honour", was er allerdings bestreitet. 2005 kandidierte W. für die NPD im Wahlkreis Nürnberg-Nord bei der Bundestagswahl.

Auch der Nürnberger Jürgen F. bewegte sich im Dunstkreis von Rechtsextremisten. Er hatte nach Polizeiunterlagen im Februar 1995 ebenfalls an dem Kennenlern-Treffen von Neonazis in der Nürnberger Gaststätte „Tiroler Höhe" teilgenommen. Auffällig: F. zerstörte im Jahr 2004 eine Gipsfigur, die am Döner-Imbiss von İsmail Yaşar in der Nürnberger Scharrerstraße stand. Die Statue fiel um und zerbrach. Weil F. beteuerte, für den Schaden aufkommen zu wollen, verzichtete der türkische Imbissbetreiber erst einmal auf eine Anzeige. Als F. die Figur Wochen später immer noch nicht ersetzt hatte, ging Yaşar doch zur Polizei. Er stellte im Oktober 2004 Strafantrag bei der Inspektion Nürnberg-Ost. Acht Monate später war İsmail Yaşar tot, erschossen von Uwe Böhnhardt und Uwe Mundlos.

Welche Rolle spielt David F.? Der 42-Jährige aus Thüringen lebte von 1995 bis 1998 in der Pirckheimerstraße in Nürnberg. Unmittelbar vor dem Untertauchen des Terror-Trios 1998 hatte er ein Verhältnis mit Beate Zschäpe, wie er selbst einräumte. Womöglich fand das Trio sogar zeitweise Unterschlupf in David F.s Nürnberger Wohnung.

Einen derartigen Verdacht äußerte ein Hinweisgeber nach einer im Februar 1998 im Fernsehen ausgestrahlten Fahndungssendung. Doch die Polizei ignorierte diesen Tipp. Das brachte den Behörden hinterher Kritik ein. Im Gutachten des ehemaligen Vorsitzenden Richters am Bundesgerichtshof, Gerhard Schäfer, zum Verhalten der Thüringer Behörden und Staatsanwaltschaften heißt es, dass „bei dem Hinweis auf eine Beziehung zwischen Beate Zschäpe und David F. ... weitere Maßnahmen angezeigt waren".

Das gilt umso mehr, weil David F. zum nahen Umfeld des NSU gehörte. Er ist der Schwager von Ralf Wohlleben, der dem NSU die Waffe besorgt hatte. Aus seiner Solidarität mit Wohlleben während dessen Untersuchungshaft vor dem NSU-Prozess hat der Thüringer keinen Hehl gemacht. Auf seiner Facebook-Seite prangte über einen längeren Zeitraum ein Button mit dem Schriftzug „Freiheit für Wolle". „Wolle" ist der Spitzname von Wohlleben.

David F. verdingte sich in Nürnberg bei einer Spedition und bei einem Fürther Bestatter. Zurück in Thüringen, betrieb er 2006 den Gasthof „Zur Bergbahn" in Lichtenhain, einem Ortsteil von Oberweißbach im Thüringer Wald. Aus diesem Ort stammt die vom NSU ermordete Polizistin Michèle Kiesewetter. F. sagte aus, dass ihm Kiesewetter nie aufgefallen sei.

Zudem gibt es auch eine Verbindung von Zwickau in Sachsen, wo das NSU-Kerntrio zuletzt gelebt hatte, nach Nürnberg. Der bundesweit bekannte Neonazi-Kader und Unterstützer des NSU, Ralf Marschner aus Zwickau, war ein früherer V-Mann des Verfassungsschutzes (Deckname: Primus). Gegen ihn ermitteln deutsche Behörden, er lebt in der Schweiz. Marschner soll Uwe Mundlos nach dem Untertauchen in seiner Zwickauer Firma beschäftigt haben. Marschner wiederum hatte beste Kontakte zu fränkischen Neonazis. Sie reichten bis in die Nürnberger Hooliganszene, zu rechtsextremen Fußballfans, die der 1. FCN-Fangruppe „Red Devils" angehört haben sollen.

Mit Marschner, Tino Brandt vom gewaltbereiten Thüringer Heimatschutz und Kai D. waren drei „Vertrauensleute" des Verfassungsschutzes rund um das Kerntrio platziert, die alle drei direkte Kontakte nach Nürnberg hatten, in jene Stadt, in der die meisten Morde der Terrorzelle geschahen. Insgesamt hatte der Verfassungsschutz rund 40 solcher V-Personen in der rechtsextremen Szene rekrutiert. Dennoch kamen die Ermittler den Tätern nie auf die Spur.

Exekution im Wald

DER RÄTSELHAFTE TOD DES WEIDENER ROTLICHTKÖNIGS.

von André Ammer

Es ist ein Mordfall, der die Menschen in der Oberpfalz auch nach 40 Jahren noch umtreibt. Ein Schuss direkt ins Herz tötet im Juni 1982 den Weidener Rotlicht-König Walter Klankermeier, der wegen der heißen Sex-Shows in seinen Etablissements schon zu Lebzeiten bundesweit für Schlagzeilen gesorgt hat. Die Mörder des schillernden Geschäftsmannes werden nie gefunden.

Der Sommer des Jahres 1982 ist geprägt von der Fußball-Weltmeisterschaft in Spanien und extremen Hitzeperioden, die immer wieder von ausgiebigen Niederschlägen unterbrochen werden. Auch am 22. August herrschen in Weiden und Umgebung Temperaturen von über 30 Grad, doch trotz des schwülen Wetters sind Barbara und Hans B. in einem Waldstück zwischen Bechtsrieth und Schirmitz unterwegs, um Preiselbeeren zu sammeln. Plötzlich steigt ihnen ein penetranter Verwesungsgeruch in die Nase, kurz darauf entdeckt das Paar in der Kuhle eines vom Wind entwurzelten Baums eine teilweise schon mumifizierte Leiche.

Es sind die sterblichen Überreste von Walter Klankermeier, die unter einem Haufen Birkenreisig versteckt wurden. Die Füße des ermordeten

Nachtclub-Besitzers lugen jedoch unter den aufgetürmten Zweigen hervor, und in unmittelbarer Nähe des Fundorts liegt das T-Shirt Klankermeiers, der noch seine mit Brillanten besetzte Rolex Oyster im Wert von über 30.000 Mark am Handgelenk trägt. Auch die schwere goldene Halskette und die Brieftasche des mit einem präzisen Schuss in den rechten Herzbeutel getöteten Geschäftsmanns haben seine Mörder zurückgelassen.

Sofort verständigen Barbara und Hans B. die Polizei, und die Ermittler der umgehend gebildeten Soko Klankermeier sind bald überzeugt davon, dass der fast an eine Hinrichtung erinnernde Mord von mindestens zwei Tätern ausgeführt worden ist. Bei der Obduktion der zum Zeitpunkt des Fundes nur mit einer Hose bekleideten Leiche werden nämlich mehrere gebrochene Rippen festgestellt. Die Kriminalpolizei geht deshalb davon aus, dass Klankermeiers Peiniger ihr Opfer vor dessen Erschießung gefoltert haben. Warum, das kann trotz intensiver Ermittlungen in sämtliche Richtungen nie geklärt werden.

Mit dem Fund des getöteten Gastronomen, der sich im wenige Kilometer vom Tatort entfernten Weiden ein kleines Imperium aus Nachtclubs, Discotheken, Pilspubs und Gaststätten aufgebaut hatte, geht eine mehr als zwei Monate dauernde Phase der Ungewissheit und der Spekulationen zu Ende. Am 14. Juni 1982 verschwindet Walter Klankermeier spurlos, und Burkhard S., ein erfolgreicher Weidener Strafverteidiger, ist sich schon tags darauf sicher, dass da etwas nicht stimmen kann. Da der sonst immer äußerst zuverlässige Geschäftsmann eine Verabredung nicht eingehalten hat, schaut sein Anwalt und Freund in der Luxuswohnung des Vermissten nach dem Rechten. Dort liegen die Tageseinnahmen, etwa 1800 Mark, offen herum, was ebenfalls überhaupt nicht zu Klankermeier passt.

Burkhard S. erstattet Vermisstenanzeige, doch die Weidener Polizei glaubt zunächst nicht an ein Verbrechen und recherchiert erst mal in den USA, wo sich der Gastronom vor seiner Zeit in Weiden mehrere Jahre lang aufgehalten hatte. In der Stadt schießen die Gerüchte jedoch schnell ins Kraut. Es gibt Spekulationen über Erpressung, über Mädchenhandel und über Autoschiebereien, an denen Klankermeier beteiligt gewesen sein soll. In seiner Wohnung finden sich auch Schuldscheine, zum Teil über sehr hohe Beträge.

Möglicherweise habe ihn jemand umgebracht oder umbringen lassen, der auf diese Weise seine Schulden loswerden wollte – so wird gemunkelt.

Kurz vor 20 Uhr wird der 42-Jährige zum letzten Mal lebend gesehen. Laut Zeugenaussagen erhält Klankermeier einen Anruf in seinem Pilspub „Tiffany", spricht leise und deckt den Telefonhörer mit der Hand ab – wohl, damit seine Mitarbeiter nicht mitbekommen, worum es in dem Telefonat geht. Kurz darauf geht er mit einem Unbekannten mit dunklen Haaren, der von einer Augenzeugin auf 35, 40 Jahre geschätzt wird, von seinem Anwesen in der Judengasse Richtung Weidener Kreiswehrersatzamt. Dann verliert sich seine Spur. Wohl auch deshalb, weil um diese Uhrzeit nur noch wenige Menschen in der Innenstadt unterwegs sind. Die Fußball-WM hat gerade begonnen, und an dem Tag von Klankermeiers mutmaßlicher Ermordung bestreiten Brasilien und der spätere Weltmeister Italien ihre ersten Vorrundenspiele.

Anhand der stehengebliebenen Rolex des Getöteten, die sich normalerweise durch die Bewegungen des Arms selbst aufzieht und dann ziemlich exakt 48 Stunden lang läuft, rekonstruiert die Kriminalpolizei, dass er wohl noch in der Nacht seines Verschwindens umgebracht wurde. Angesichts der Tatsache, dass der Schütze sein tödliches Handwerk offensichtlich gut verstand und nur einen einzigen Schuss abfeuerte, macht in der Region schnell das Gerücht von einem Auftragsmord die Runde. Irgendjemand, der Klankermeier aus dem Weg räumen wollte, habe Profikiller engagiert – davon sind viele Menschen in Weiden fest überzeugt. Schließlich hatte sich der millionenschwere Nachtclub-Besitzer durch sein teilweise äußerst aggressives Geschäftsgebaren viele Feinde in der Rotlicht-Welt gemacht.

Walter Klankermeier wird 1940 in Augsburg geboren, erlernt nach der Schule das Metzgerhandwerk und geht mit 19 Jahren in die USA. Während seiner Jahre in Weiden erzählt er des Öfteren, dass er in Chicago gelebt und sich dort vom Metzger, Kellner und Koch bis zum Hotelier hochgearbeitet habe. „Zum lieben Augustin" hieß sein Hotel in der US-amerikanischen Millionenstadt – so schildert er es zumindest der Weidener Lokalpresse, als er sich im Oktober 1967 in der oberpfälzischen Kommune niederlässt und einen Pachtvertrag für den „Bayerischen Hof", ein etwas in die Jahre gekommenes Bahnhofshotel, unterschreibt. Offiziell gemeldet in den USA war er allerdings in Grand Junction, einer Kleinstadt im Bundesstaat Colorado, wie eine Meldekarte im Weidener Stadtarchiv belegt.

Zwar erzählt man sich vor allem nach Klankermeiers Ermordung, dass er schon in Chicago erste Erfahrungen in der Rotlicht- und Unterweltszene gesammelt habe und dass er nach Deutschland zurückkehrte, weil ihm in seiner US-amerikanischen Wahlheimat der Boden zu heiß geworden sei – Beweise für diese Spekulationen gibt es jedoch nicht. Und der gebürtige Schwabe passt seine Selbstauskünfte über seine Jahre in den USA anscheinend ziemlich flexibel seiner jeweiligen Lebenssituation an. So inszeniert er sich zu Beginn seiner Zeit in Weiden noch als sittsamer Gastronom, der eine solide bürgerliche Existenz anstrebt.

Der 27-jährige Jungunternehmer geht sein neues Projekt in der nördlichen Oberpfalz auch mit großem Elan an und betreibt in den gepachteten Räumlichkeiten in der Weidener Bahnhofstraße nicht nur ein Hotel mit 46 Zimmern, sondern richtet auch eine Tanzbar sowie ein Schnellrestaurant nach US-amerikanischem Vorbild ein. Erfolg ist ihm allerdings nicht vergönnt - wahrscheinlich auch, weil an der Inneneinrichtung schon ziemlich der Zahn der Zeit genagt hat.

Darüber hinaus befindet sich im selben Gebäude die „Arosa-Alm", ein sogenannter Beatschuppen, in dem es bis tief in die Nacht lautstark mit Livekonzerten zur Sache geht. Das ist in doppelter Hinsicht ungünstig für den Junghotelier, denn zum einen schreckt der nächtliche Lärm Übernachtungsgäste ab. Zum anderen kann sich die Tanzbar des „Lieben Augustin" – Klankermeier hat seinem neuen Betrieb denselben Namen gegeben wie seinem angeblichen Familienhotel in Chicago – gegen die Konkurrenz im eigenen Haus nicht durchsetzen. Da nützt es auch nichts, dass der glücklose Unternehmer immer wieder die Werbetrommel für sein Projekt rührt und unter anderem mit einem mit Reklameschildern behängten Ponywägelchen durch Weiden zockelt.

Knapp drei Jahre nach der Unterzeichnung des Pachtvertrages für den vormaligen „Bayerischen Hof" ist Klankermeier trotz aller Bemühungen nahezu zahlungsunfähig. Er ist mit seinem Pachtzins mehrere Monate im Rückstand und kann keine Gewerbesteuer mehr an die Stadt Weiden abführen. Doch er lässt sich nicht unterkriegen und ändert kurzerhand sein Geschäftsmodell. Beim örtlichen Ordnungsamt stellt er im Dezember 1970 den Antrag, „öffentliche Kabarettveranstaltungen" ausrichten zu dürfen, und lädt in Zeitungsanzeigen die „lieben Freunde der Nacht" in sein neues Etablissement „Fortuna-Bar" ein. Die ist in den Räumen seines Hotels untergebracht und will die Besucher unter anderem mit „der charmanten Lady Ann mit ihrem Striptease sowie Steve Blacke mit seiner Western-Show" locken. Zum Rosenmontag organisiert Klankermeier eine „Oben-Ohne-Party", bei der die barbusigen weiblichen Gäste einen Flug nach Teneriffa gewinnen können.

Wirklich neu sind solche frivolen Veranstaltungen aber selbst im christlich-konservativen Weiden nicht mehr. Schon vor Klankermeiers Zeit dort wurden im „Bayerischen Hof" bisweilen Striptease-Shows veranstaltet, ebenso in dem benachbarten Lokal, das später zur erwähnten „Arosa-Alm" wird.

Nach der bürgerlich-biederen Nachkriegs- und Wirtschaftswunder-Zeit rollt in jenen Jahren eine Sexwelle durch die junge Bundesrepublik. Nicht nur in den Rotlicht-Vierteln der Großstädte schießen entsprechende Etablissements wie die Pilze aus dem Boden, und in den deutschen Kinos laufen Streifen wie „Liebesgrüße aus der Lederhose" oder der „Schulmädchen-Report". Oswalt Kolle, der Aufklärer der Nation, bringt in seinen Filmen den Menschen „Das Wunder der Liebe" nahe, und mit Sprüchen wie „Wer zweimal mit derselben pennt, gehört schon zum Establishment" läutet die 68er-Bewegung die sexuelle Revolution ein.

Ein wirklicher Tabubruch ist Klankermeiers neues Geschäftsmodell also nicht mehr, und so lässt der wirtschaftliche Erfolg der "Fortuna-Bar" deshalb erst mal auf sich warten. Der frischgebackene Nachtclub-Besitzer muss sich erneut etwas überlegen, und so schärft er das Programm nach, geht dabei bis an die Grenzen des rechtlich Zulässigen und bald auch darüber hinaus. Unter anderem wirbt er mit dem Slogan „In Hamburg verboten, in Weiden geboten", denn angeblich werden in seinem Nachtlokal noch heißere Shows als auf der Reeperbahn gezeigt.

Der in die Rotlicht-Szene gewechselte Gastronom bietet zwar auch den laut Eigenwerbung „schärfsten Strip in ganz Bayern", doch bei der von Musik begleiteten Entblätterung von Lady Ann und anderen Protagonistinnen bleibt es nicht. Auch vermeintlicher Live-Sex auf der Bühne gehört zwischenzeitlich zum Programm, und Boulevardjournalisten, die von dem sündigen Treiben in der oberpfälzischen Provinz angelockt werden, berichten zum Beispiel in der „Neuen Revue" oder in den „St. Pauli-Nachrichten" von erotischen Spielen in gläsernen Badewannen und von 150 Kilo schweren Nackttänzerinnen. Wenn es besonders hoch her geht auf der Bühne, ruft Klankermeier manchmal: „Bitte vorher noch die Brille putzen, jetzt wird's scharf."

Die 120 Personen fassende „Fortuna-Bar" ist nun fast jeden Abend gerammelt voll, die Besucher kommen nicht nur aus Weiden und Umgebung, sondern aus der gesamten Oberpfalz und auch aus Franken. Und es ist ein Querschnitt der Gesellschaft, der sich dort amüsiert. Auch Frauen gehören zu den Gästen und sitzen oft in den vorderen Reihen, wenn etwa „das Ehepaar Ed und Sandy" seine Show präsentiert und dabei laut einem Bericht in der „Aktuellen Woche" auch „Staubwedel, Kerzen und Flaschen zum Einsatz kommen".

Als dann auch noch ein Pudel auf der Bühne präsentiert wird, der einer „fülligen Blondine mit dem Künstlernamen ‚La Tigre' als Partnerin für gewagte Liebesspiele dient" (so wird es in einem Artikel in der „Neuen Revue" beschrieben), ist das Maß voll. Im Mai 1971 entzieht die Stadt Weiden Klankermeier ohne Vorwarnung von einer Nacht auf die andere die Konzession. Der setzt sich zur Wehr, zieht vor das Verwaltungsgericht Regensburg und erreicht einen Vergleich.

Und geschäftstüchtig wie er ist, lässt der schillernde Unternehmer nach der gerichtlichen Entscheidung in den örtlichen Zeitungen einen in Anführungsstrichen „Wichtigen Hinweis" als Anzeige veröffentlichen. Darin heißt es unter anderem: „Nachdem des Öfteren Beschwerden bei der Stadt Weiden wegen unserer heißen Shows eingegangen sind, bitte ich dringendst: Sollten Sie es aus moralischen Gründen oder wegen Ihres Images nach außen hin nicht verantworten können, so bleiben Sie der Fortuna-Bar fern. Alle modern eingestellten Personen heiße ich auf das Allerherzlichste willkommen."

Die Menschen lassen sich nicht lange bitten. Nach der zusätzlichen Publicity durch den medienwirksamen Rechtsstreit strömen Besucher aus dem gesamten Freistaat in den berühmt-berüchtigten Nachtclub, um sich „das Heißeste vom Heißen" anzusehen. Klankermeiers wohl berühmtester Reklamespruch lautet denn auch: „Jeder echte Bayer geht zum Walter Klankermeier."

Vielen Menschen in Weiden sind die Shows in der „Fortuna-Bar" aber nach wie vor ein Dorn im Auge. Dass so etwas in einer katholisch geprägten Stadt mit etwa 40.000 Einwohnern zulässig ist, wollen unter anderem zwei Kommunalpolitiker der örtlichen CSU nicht akzeptieren. Sie starten eine Unterschriftenaktion gegen Klankermeier und dessen Geschäfte.

„In diesem Lokal wird ein Kabarettprogramm dargeboten, das dem Sittlichkeitsempfinden und der Moral eines Durchschnittsbürgers widerstrebt", ist ihre Argumentation. Die Darbietungen dort seien entwürdigend, da sie alle Möglichkeiten der sexuellen Befriedigung zumindest andeuteten. Viele Bürger in dem oberpfälzischen Städtchen, das politisch jahrzehntelang klar von der CSU dominiert wird, sehen das anscheinend ähnlich und unterschreiben den Aufruf an den Weidener Stadtrat, Klankermeier erneut die Konzession zu entziehen. Die beiden Initiatoren sammeln unter anderem vor den Kirchen und kriegen fast 5000 Unterschriften zusammen.

Der Schuss geht jedoch so richtig nach hinten los. Durch diese Aktion wird die „Fortuna-Bar" noch bekannter, denn nun werden auch Journalisten von seriösen Medien auf Klankermeiers Aktivitäten in der nordbayerischen Provinz aufmerksam. „Zum Wochenende waren ganze Zimmerfluchten für neue Reporterteams reserviert", heißt es in einem Artikel einer Lokalzeitung, und Werner Hein, der Pressereferent der Stadt Weiden, zeigt sich wenig erfreut über den Medienrummel. „Ich bin in keiner Weise glücklich darüber, dass Weiden damit in der Bundesrepublik in einen Ruf gerät, den es doch weiß Gott nicht verdient hat", wird er zitiert.

Tatsächlich breiten einige Publikationen genüsslich alle kuriosen Details des Konflikts zwischen dem streitbaren CSU-Duo und dem nicht weniger streitbaren Nachtclub-Besitzer aus. „Pfälzer Sündenbabel" lautet etwa die Überschrift eines Artikels in der Hamburger Wochenzeitung „Die Zeit", die in einem ziemlich süffisanten Ton über die Weidner Lokalposse berichtet.

Darüber hinaus bekommt CSU-Politiker Franz H. bald die Quittung für seinen Feldzug gegen Weidens Rotlicht-König. Klankermeier geht nämlich zum Gegenangriff über und macht publik, dass just dieser Franz H. schon Gast in seiner Bar war und dort eine stattliche Zeche von über 800 Mark gemacht hatte. Unter anderem, weil er die anwesenden Damen auf einige Gläser Sekt eingeladen hatte. Als sich der CSU-Politiker dann in den frühen Morgenstunden auf den Heimweg machte, sei er so angetrunken gewesen, dass er seinen Hut und seinen Mantel an der Garderobe vergessen habe.

Der entlarvte Tugendwächter will zunächst alles leugnen, und als ihm das nichts hilft, seine Unterschriftenaktion relativieren. Gegen einen normalen Striptease habe er absolut nichts einzuwenden, beteuert Franz H. und macht dadurch alles noch schlimmer. Mit dem angestrebten Sitz im Weidener Stadtrat wird es dann nichts mehr, und Walter Klankermeier weiß sich auch sonst zu wehren. Etwa als der Pfarrer in der Weidner Stadtpfarrkirche St. Josef zur Unterstützung der Unterschriftenaktion aufruft. Der Nachtclub-Besitzer, der ein regelmäßiger Kirchgänger ist, steht daraufhin auf und sagt halblaut, aber deutlich vernehmbar: „Wenn ich mich hier so umsehe, glaube ich, ich bin in meinem Lokal. Lauter Bekannte!"

Probleme bekommt der Gastronom bald auch mit dem Besitzer des Weidener Bahnhofshotels, der wenig begeistert ist von den Geschäften seines Pächters. Im Juni 1971 kündigt der Hauseigentümer den Pachtvertrag fristlos, da Klankermeier „den Ruf des Pachtobjekts erheblich und nachhaltig gefährdet". Der zieht vor Gericht und feiert einen weiteren juristischen Erfolg. Im März 1975, nach weiteren Streitigkeiten mit dem Verpächter, muss er den „Bayerischen Hof" dann aber doch räumen. Nach einem entsprechenden Urteil des Oberlandesgerichtes Nürnberg ist die „Fortuna-Bar" Geschichte.

In der Zwischenzeit hat der ungekrönte König des Weidener Nachtlebens jedoch mehrere weitere Betriebe aufgebaut oder ist Teilhaber. Tiffany, Fantasy, Club Holiday, Club Eve, Eldorado-Bar und die Discothek „klanki", die er nach seinem Spitznamen benennt – die Palette seiner Lokalitäten reicht vom exklusiven Nachtclub bis zur gutbürgerlichen Speisegaststätte. Klankermeier ist ein gemachter Mann und hat es mit seinen verschiedenen Etablissements angeblich zum mehrfachen Millionär gebracht. Er fährt einen großen Mercedes und einen Jeep und residiert über dem „klanki" in der Weidener Judengasse in einer luxuriösen Wohnung, die über drei Stockwerke geht. Unter anderem hat er sich dort ein persönliches Fitnessstudio mit Laufbändern, Ergometern, Hanteln und Kraftmaschinen eingerichtet. Der Nichtraucher und Antialkoholiker legt extrem viel Wert auf körperliche Fitness, geht regelmäßig joggen und hat sich auch dem Reitsport verschrieben. Er besitzt zwei Pferde und ist bei einem Reitsportverein am sogenannten Schwedentisch regelmäßig hoch zu Ross unterwegs.

Darüber hinaus hat Klankermeier Kampfsporterfahrung. Der Unternehmer ist zwar nur 1,68 Meter groß, aber er weiß sich seiner Haut zu wehren. Das ist wohl auch nötig in dem Milieu, in dem er sich bewegt. Unter anderem verkehren in seinen Lokalen auch Gäste mit einer gewissen Gewaltbereitschaft, und in einer aufgeheizten Atmosphäre mit viel nackter Haut und viel Alkohol laufen die Dinge hin und wieder aus dem Ruder. Natürlich hat Weidens Rotlicht-König Security-Leute, aber wenn es sein muss, sorgt er auch selbst für Ordnung. Unter anderem bricht er sich zwei Monate vor seinem Tod bei einer Schlägerei den Unterarm.

Klankermeier ist jedoch kein primitiver Zuhältertyp, sondern im persönlichen Umgang ein durchaus sympathischer und leutseliger Mensch, der mit jedem per Du ist und mit dem man ganz entspannt am Tresen plaudern kann. Oft steht er an der Eingangstür seiner Discothek und scherzt mit den Gästen. Er ist immer sehr gut und geschmackvoll gekleidet, trägt meist dunkle Anzüge und Krawatte, und die Sekretärinnen seiner Geschäftspartner und Anwälte beschreiben ihn als Gentleman alter Schule, der sich stets nach ihrem Befinden erkundigt und hin und wieder Blumen mitbringt. Auch sein Personal behandelt er stets korrekt, wie mehrere Mitarbeiter nach seinem gewaltsamen Tod übereinstimmend erzählen.

Auf der anderen Seite ist Walter Klankermeier ein knallharter Geschäftsmann, der sich in seiner Branche auch Feinde macht. Unter anderem wirbt er Mädchen von anderen Etablissements ab und geht dabei zum Teil sehr aggressiv vor. Angeblich legt er sich auch wiederholt mit Rotlicht-Größen aus anderen Städten an, die in Weiden Fuß fassen und an seinem Imperium mitverdienen wollen. Auch mit Prostitution, und dagegen setzt sich Klankermeier zur Wehr – so berichten es zumindest Zeugen bei den polizeilichen Vernehmungen nach seinem Tod.

Unter anderem gibt es Gerüchte, dass die Frankfurter Unterwelt den Weidener Unternehmer im Visier hatte, aber handfeste Beweise, die diese und andere Theorien zum Motiv der bis heute unbekannten Täter stützen, werden nie gefunden. Auch CSU-Mann Franz H. gehört anfangs zum Kreis der Verdächtigen und wird von der Kriminalpolizei einige Zeit observiert. Doch obwohl die Soko Klankermeier in alle Richtungen ermittelt und der rätselhafte Mordfall auch mehrmals in der Fernsehsendung „Aktenzeichen XY... ungelöst" präsentiert wird, bleibt er ein sogenannter „Cold Case".

Klankermeier hat laut seinem Anwalt und Vertrauten Burkhard S., der mit ihm unter anderem regelmäßig trainiert, auch Todesahnungen. Wenn ihm etwas zustoße, sollte sein Nachlass geordnet sein – das hat der Nachtclub- und Discotheken-Besitzer angeblich wiederholt betont. Er ist auch immer sehr vorsichtig, steigt nie in ein fremdes Auto ein, ist nachts nur in Begleitung unterwegs und lässt die Haustür stets von Mitarbeitern öffnen, damit er Rückendeckung hat. Warum er am 14. Juni 1982 diese Vorsichtsmaßnahmen nicht beherzigt und so seinen Mördern in die Falle geht, kann nie geklärt werden.

Kurz nach dem Fund von Klankermeiers Leiche gibt es einen weiteren Mord, in den die Oberpfälzer Nachtclub- und Zuhälterszene verwickelt ist. Bei einem Schusswechsel im österreichischen Vorarlberg wird ein 41-jähriger, aus Schwandorf stammender Zuhälter erschossen, der anscheinend den Interessen von Rotlicht-Größen aus seiner Heimatregion im Wege stand. In einem Artikel einer Weidener Lokalzeitung ist von einem Killerkommando die Rede, das sich auf den Weg nach Österreich gemacht hatte. Natürlich untersucht die Soko Klankermeier, ob es Verbindungen zu dessen Tod gibt, aber diese Ermittlungen bleiben ebenfalls erfolglos.

Zwei Jahre später werden dann zwei Männer in Weiden festgenommen, die in dringendem Tatverdacht stehen, einen Autohändler in Köln ermordet zu haben. Bei diesem Fall gibt es einige Parallelen zu der Tötung von Klankermeier. Auch dieser Autohändler wird mit einem Schuss direkt ins Herz getötet, und auch seine Leiche findet man in einem abgelegenen Waldstück. Und wie sich herausstellt, arbeiteten die beiden Tatverdächtigen früher als Geschäftsführer beziehungsweise Kellner in einem von Klankermeiers Etablissements. Doch auch hier kann die zuständige Soko keinerlei Beweise für einen möglichen Zusammenhang finden.

Klankermeiers Lokale sind nach seinem Tod schnell Geschichte. Sein Rechtsanwalt kümmert sich zwar nach dem Verschwinden seines Freundes kommissarisch darum, dass der Geschäftsbetrieb weiterläuft, aber ohne die ordnende Hand des gewieften Unternehmers ist die Luft schnell raus. Er war der Motor des Ganzen, und die Atmosphäre in seinen Etablissements lebte eindeutig auch von seiner Präsenz. Nachdem seine Leiche aufgetaucht ist, wird sein Imperium zügig und unauffällig abgewickelt.

Das Testament des erschossenen Unternehmers ist dann noch einmal eine richtige Sensation, die ein weiteres Mal Boulevardjournalisten aus ganz Deutschland in die Oberpfalz treibt. Klankermeier hat sein Vermögen nämlich einer 19-jährigen Pfarrerstochter vermacht, die im selben Reitsportverein aktiv ist. Eine Geschichte, die wohl auch gut in einen Groschenroman passen würde: hier der schillernde Rotlicht-König, dort eine hübsche junge Frau aus gutem Hause. Es gab aber keine heimliche Liebschaft zwischen den beiden. Klankermeier, der nie verheiratet war, hat die 19-Jährige wohl eher still aus der Ferne verehrt. Die Pfarrerstochter und ihre Familie müssen dann für einige Zeit abtauchen, weil ihr Haus von Reportern regelrecht belagert wird. Klankermeiers Anwalt vollstreckt schließlich das Testament, das sein Freund auf einem Quittungsblock niedergeschrieben hat.

Geerbt hätten natürlich auch viele andere nur zu gerne. Stapelweise tauchen nach Klankermeiers Tod Testamente auf, in denen er angeblich Verflossene, Mitarbeiter und Geschäftspartner begünstigt haben soll. Wie viel Geld nach der Abwicklung seines Imperiums tatsächlich übriggeblieben ist, das weiß man nicht – wie so vieles andere in diesem mysteriösen Mordfall, der in Weiden immer wieder für Gesprächsstoff sorgt. Das Anwesen in der Judengasse, in dem sich die Discothek und die Wohnung des Getöteten befanden, sind ein fester Bestandteil von speziellen Stadtführungen, in denen an die spektakulärste Kriminalfälle in der oberpfälzischen Stadt erinnert wird. Außerdem gibt es einen Roman – „Der König von Weiden" – ‚in dem die damaligen Ereignisse einen Teil der Handlung bilden. ■